Historisches vom Strom

Ein nautischer Streifzug von Emmerich nach Basel

Band I

Richard Boos · Rüdiger Krüpfganz

Historisches vom Strom

**Ein nautischer Streifzug
von Emmerich nach Basel**

Band I

Verlag
Krüpfganz & Jüngling
Duisburg

Historisches vom Strom
Ein nautischer Streifzug vom Emmerich nach Basel

© Verlag Krüpfganz & Jüngling, Duisburg, 1984
Alle Rechte vorbehalten.
ISBN 3-924999-00-7

Fotos: Richard Boos
Texte: Rüdiger Krüpfganz
Gestaltung: Alfred Jüngling
Druck: Offset Marketing, Duisburg
1. Auflage

Vorwort

In unserer schnellebigen Zeit vergißt man viel und dies noch dazu sehr schnell. Wer von der jüngeren Generation weiß heute noch, wie sich die Lebens- und Arbeitsverhältnisse um die Jahrhundertwende darstellten. Der technische Fortschritt gerade auf den Fahrzeugen des Rheinstromes ist mit einer Geschwindigkeit vorangeschritten, daß die Schiffahrtstreibenden nur schwerlich den Entwicklungsprozeß nachvollziehen und bewerkstelligen konnten. Technik und Fortschritt haben aber auch ihren Preis. In heutigen Zeiten ist von Schiffahrtsromantik und diesem besonderen, kaum zu beschreibenden Flair der Arbeit auf dem Wasser kaum noch etwas zu spüren. Mit dem Motto „Zeit ist Geld" wurde eine Situation geschaffen, die von Hektik und innerer Unruhe gekennzeichnet ist. Sicherlich sind die Arbeitsverhältnisse an Bord, was die körperlichen Einsätze angeht, erheblich leichter geworden. Trotzdem fällt es auf, daß sich gerade Fahrensleute der älteren Generation gerne an „die alten Zeiten" trotz der teilweise unzulänglichen und als hart zu bezeichnenden Arbeitsverhältnisse erinnern. All diesen sich gerne zurückerinnernden Schiffersleuten ist dieses Buch gewidmet. Es soll dazu beitragen, die alten Erinnerungen wieder zu wecken und lebendig zu halten.

Aber auch ein anderer Aspekt soll nicht unerwähnt bleiben. Traditionen und Historisches geraten nur dann nicht in Vergessenheit, wenn durch Überlieferungen, Erzählungen und die unbedingt notwendige Kommunikation der verschiedenen Generationen miteinander ein Informationsfluß aufrechterhalten wird, der auch Nichtzeitgenossen ehemaliger vergangener Tage einen gewissen Wissensstand alter Fakten und Verhältnisse vermittelt.

Dieses nun vorliegende Buch entstand in enger Zusammenarbeit von Autoren, die zwei verschiedenen Generationen angehören. Historische Belange längst vergangener Zeiten werden von der einen Seite mit Hilfe des über viele Jahre gesammelten Bildmaterials dargestellt, wie sie teilweise noch selbst als Schiffahrtstreibender erlebt wurden. Auf der anderen Seite wird ein Bezug zur heutigen Zeit gesucht und andeutungsweise ein Vergleich gezogen. Dem Leser sei es unbenommen zu entscheiden, welche Phase der Schiffahrtsgeschichte, die Neuzeit oder die Ära der Rad- und Dampfboote mehr Gefallen findet. Dieses Buch ist kein allumfassendes Informationswerk. Die Auswahl des Bildmaterials verspricht einen Streifzug von Emmerich nach Basel und zeigt interessante Fahrzeuge des Stroms zwischen 1880 und 1950. Es wurde bewußt vermieden, einen chronologischen Zeitablauf darzustellen, sodaß die Möglichkeit geschaffen wurde, ein interessantes Kontrastprogramm zusammenzufassen, welches hölzerne Lastkähne neben hochmotorisierte Raddampfer und Dampfboote neben Tjalks vorstellt. Es wurden bewußt Aufnahmen ausgewählt, auf denen nicht nur die Fahrzeuge, sondern auch zahlreiche Stadtansichten und Hafenanlagen sowie markante Ortslagen am Strom abgebildet sind. Als besondere Schwerpunkte sind hier Duisburg, Düsseldorf, Köln, Mainz, Mannheim und Basel zu nennen.

Allen Schiffahrtstreibenden und mit den Schiffen auf dem Strom verbundenen Lesern wünschen wir viel Freude bei ihren Erinnerungen und der Betrachtung der „guten alten Zeit".

Richard Boos · Rüdiger Krüpfganz

Das leidige Warten auf die Zollabfertigung an der Grenzstation in Emmerich-Lobith. Die um das Jahr 1950 gemachte Luftaufnahme zeigt zahlreiche Schiffseinheiten, die, teils bergwärtsfahrend, teils vor Anker liegend, auf die Zollkontrolle warten. Neben den alten Dampfbooten ist auch ein Schleppboot mit Dieselantrieb zu sehen. Die Aufnahme ist ein Dokument einer Umbruchphase der Rheinschiffahrt. Noch sind die Schleppkähne in der Überzahl. Deutlich zeigt sich aber schon der Trend hin zu den motorisierten Einzelfahrern. Wäre die Aufnahme nur wenige Jahre später entstanden, wäre der Anteil der Schleppschiffahrt auf der Fotographie bereits erheblich kleiner gewesen.

Eine freie Durchfahrt gab es zu diesem Zeitpunkt an der niederländisch-bundesdeutschen Grenze noch nicht, so daß alle Fahrzeuge auf das Zollboot warten mußten.

Verzeichnis

der Verzehrungs-Gegenstände, die auf Grund des § 6 Ziffer 7 des Zolltarifgesetzes als Bedarf der Schiffer und Schiffsmannschaften auf Rheinschiffen zollfrei zu belassen sind. Gültig vom 3. September 1907.

Lfd. No.	Bezeichnung der Gegenstände.	Zollsatz per 100 kg.	Zollfreie Gewichtsmenge für 1 Person kg.	$1/100$	Bemerkungen.
1	Hülsenfrüchte: a) Speisebohnen	2,—	1	—	Wenn nebeneinander vorhanden, zusammen nicht mehr als 1 kg.
	b) Erbsen, Linsen	1,50	1	—	
2	Kartoffeln, frische (ab 1. 8. bis 14. 2. zollfrei)	1,—	4	—	
3	Rot-, Weiss- oder Wirsingkohl	2,50	2	—	Wenn nebeneinander vorhanden, nicht über 2 kg. Reingew., oder nach Abschätzung für 1 Pers. 1 kg. Reing.
4	Küchengewächse, einfach zubereitet	4,—	6	—	
5	Aepfel, Birnen, Pflaumen, getrocknet, gedörrt, zerschnitten, geschält	4,—	1	—	
6	Südfrüchte (ausgenommen Ananas) . . . . . Apfelsinen	3,25	—	25	
	andere	2,—	—		
7	Kaffee, roh	50,—	—	15	
8	gebrannt, geröstet, gemahlen, wenn kein roher vorhanden	85,—	—	10	Wenn nebeneinander vorhanden, zusammen nicht über 0,25 kg.
9	Cichorien, gebrannt, geröstet, auch gemahlen	4,—	—	10	
10	Malz, gebrannt, geröstet, gemahlen, Kaffeeersatzstoffe andere	40,—	—	20	
11	Tee, wenn Kaffee, Kaffeeersatzstoff, Kakao nicht vorhanden	100,—	—	10	
	neben Kaffee etc.			05	
12	Gewürze aller Art (ausser Paprika) in nicht luftdicht verschlossenen Behältnissen, geschält, entölt, gemahlen, gepulvert oder in Salz gelegt	50,—	—	10	

13	Fleisch, frisches	27,—	1	—	
14	„ einfach zubereitet, geröstet, geräuchert, gekocht oder gebraten	35,—	1	—	Zusammen nicht über 1 kg.
15	Schweinespeck, frisch oder einfach zubereitet	36,—	1	—	
16	Federvieh, geschlachtet, auch zerlegt, nicht zubereitet . . .	14,—	1	—	
17	Fleischextrakt, Fleischbrühtafeln, Suppentafeln			10	
18	Wurst aus Fleisch von Vieh	40,—	—	25	Nur angeschnitten zollfrei.
19	Fische, getrocknet oder gesalzen oder sonst ohne Essig, Oel oder Gewürze, einfach zubereitet, einschliesslich Heringe mit Essig, Oel oder Gewürzen einfach zubereitet . .	3,— 12,—	1 1	— —	Zusammen nicht über 1 kg.
20	Schmalz und schmalzartige Fette	10,—	—	50	Zusammen nicht über 0,50 kg.
21	Butter, frisch, gesalzen oder eingeschmolzen	20,—	—	50	
22	Käse, angeschnitten	30,—	—	25	
23	Eier von Federvieh, roh oder gekocht	2,—	—	35	
24	Mehl aus Hafer	18,75	1	—	
	„ anderem Getreide	10,30	1	—	
25	Reis, poliert	4,—	—	25	Zusammen nicht über 1 kg.
26	Graupen, Gries, Grütze aus Getreide, mit Ausnahme von Hafer	12,—	1	—	
	Reisgries, Hafergrütze	18,75	1	—	
27	Sonstige Müllereierzeugnisse	18,75	1	—	
28	Speiseöl . . . . ½ Liter	10,—	—	—	
29	Zucker	18,80	—	10	Zusammen nicht über 0,10 kg.
30	Syrup	18,40	—	10	
31	Branntwein	240,—	—	—	
32	Wein (angebrochen) 1 Fl. ohne Rücksicht auf die Zahl der Pers. (mit vereinsländ. Amtssiegel verschlossen) . . . frei	48,—	—	—	
33	Bier, wenn inländischer Abstammung . . frei unbeschränkt	6,—	—	—	
34	Essig . . . . ½ Liter	48,—	—	—	
35	Backwerk, gewöhnliches, ohne Zusatz von Eiern, Fett, Gewürzen, Zucker und dergl.	11,20	2	—	
36	Kakaopulver, wenn kein Kaffee etc. vorhanden	65,—	—	15	
37	Margarine, wenn Butter oder Butterschmalz nicht vorhanden	20,—	—	50	mit Schmalz zusammen nicht über 0,50 kg. mit Butter, Schmalz und Margarine zusammen nicht über 0,50 kg. im Ganzen.
38	Kunstspeisefett	12,50	—	50	
39	Mostrich	60,—	—	25	
40	Obstkraut	60,—	—	50	
41	Rauchtabak, grob geschnitten	700,—	—	10	Nur für Raucher, Begleitungsmannschaften abgerechnet.
	fein geschnitten	700,—	—	05	
42	Cigarren, neben 0,05 Tabak . . . . 4 Stück	270,—	—	—	
	„ wenn kein Tabak vorhanden . . . . . . 8 „	(nebst 100 St. p. kg. Wertzuschl.)			
43	Cigarretten, wenn kein Tabak vorhanden	700,—	—	03	oder 25 Stück lose.
44	Salz in angemessener Menge	12,80	—	frei	

Fast immer, wenn auf einer Abbildung der zugefrorene Rhein gezeigt wird, stammt die Aufnahme aus dem Jahre 1929. Neben einigen anderen Jahren war speziell im Jahre 1929 der Rhein über viele Kilometer hinweg zugefroren und glich einer Eiswüste durch die vielen ineinandergeschobenen Eisplatten und Eistürme. Der Frost war so streng, daß es mühsam war, die Schiffe vor Eisschäden zu schützen.

Die Abbildung zeigt das Güterboot „Merkur" der Firma Fendel Schifffahrts AG, Mannheim, in Emmerich liegend. Das Güterboot „Merkur" hatte 400 PS bei einer Ladekapazität von 695 Tonnen. Es wurde im Jahre 1925 auf der Walsumer Werft GHH (Gutehoffnungs-Hütte) mit einer Länge von 65 m, einer Breite von 9,00 m sowie einem Tiefgang von 2,30 m erbaut.

Am Leinpfad des Emmericher Hafens liegt ein holländischer Tjalk. Die Aufnahme wurde im Jahre 1904 veröffentlicht.

Vor der Stadtkulisse von Rees zeigen sich drei verschiedene Arten von Flußfahrzeugen. Im Vordergrund zwei Fischernachen. Wer der Ansicht ist, daß Segeln eine langsame Art der Fortbewegung ist, muß über die Bugwelle des in der Bildmitte bergwärtsfahrenden holländischen Tjalks überrascht sein. Dieser Schiffstyp fuhr noch vereinzelt Ende der fünfziger Jahre mit einem mittschiffs auf Deck angebrachten Motor, dessen Welle und Schraube in der Regel Steuerbord in der Höhe des Mastes ins Wasser gelassen wurde, so daß die Vortriebsgeschwindigkeit noch erhöht werden konnte.

An der Reeser Rheinpromenade legt gerade ein Dampfer der DGNM ab. Mit der Mütze in der Hand grüßt der Kapitän die zurückgebliebenen Fahrgäste.

Die neue Rheinbrücke bei Wesel passiert ein Schraubenschlepper mit zwei leeren Kähnen talwärtsfahrend. Die Brücke wurde zwischen 1914 und 1917 erbaut.

Homberg am Niederrhein – die Stadt im Grünen. Aufgenommen vom Deich der Rheinallee in Ruhrort zeigt die Abbildung im Vordergrund den Hafenmund mit zahlreichen Kähnen. Verschiedene davon waren noch so ausgerüstet, daß sie mit Windkraft, also mit Segel bewegt werden konnten. Auf der Mole zwischen Strom und Hafenmund ist noch ein alter Dampfkran in Betrieb. Es ist davon auszugehen, daß die Aufnahme aus dem Jahre 1910 stammt. Deutlich sind auf der Homberger Seite des Rheins einige Kähne zu sehen, die darauf warten, zu einem Schleppzug zusammengestellt zu werden. Gerade in Homberg war der Liegeplatz der bergwärtsfahrenden Schleppkähne ebenso wie der bekannte Schleppkahnliegeplatz „Schreckling", gegenüber von Küppers Mühle auf Duisburger Seite. Jede Reederei hatte ihre eigenen Liegeplätze, von wo aus die Schleppboote teilweise unter Beihilfe von Bugsierbooten ihren Schleppzug aufnahmen. Im Hintergrund ist die Einfahrt des Eisenbahnhafens Homberg mit dem Hebeturm für die Trajektfähre zu sehen.

Gebrüder Buchloh
G. m. b. H.,
Duisburg = Ruhrort.

Fernsprecher: D.-Nord Nr. 6725 und 6726.
Drahtaufschrift: Gebr. Buchloh, Ruhrort.

Grosshandel
in Oelen, Schiffs-, Maschinen- und Hüttenbedarf.

Eigene Segelmacherei.

Ausführung vollständiger
Schiffs- u. Dampferausrüstung im In- u. Auslande.

Heinrich Gertges
Duisburg a. Rhein

Schleppschiffahrt Telephon Nr. 793 und 3252. Hafenbugsierdienst
D. „Frauenlob I – V"

Spezialität: **Verschleppungen nach Wesel, Crefeld, Düsseldorf, Heerdt, Neuss**

Schleppkontor: Ruhrort, Dammstrasse 24.
Telephon Nr. 6514.

Ein entgegengesetzter Blick zeigt die Homberger Brücke von Homberg aus fotografiert nach Ruhrort hinüber. Die Abbildung zeigt verschiedene Partikulierschiffe und ein Schraubenboot der Firma Raab Karcher um 1910.

Ruhrort war auch für Mathias Stinnes, der sich 1810 selbständig machte und schon 1820 über 66 Kohlenschiffe verfügte, mit denen er bis Koblenz und zu den holländischen Häfen verkehrte, ein wichtiger Umschlagplatz. Weniger bekannt ist heute, daß Mathias Stinnes auch am Bau der Schiffsbrücken in Düsseldorf und Koblenz beteiligt war.

Bei Homberg liegt auch die erste linksrheinische Zeche, Rheinpreußen, gegründet 1851 von dem geheimen Kommerzienrat Haniel aus Ruhrort.

Unsere Zukunft liegt auf dem Wasser.

Unter diesem Motto wurde über die Grenzen der Stadt Duisburg-Ruhrort hinaus Werbung betrieben. Dies war jedoch bereits im Jahre 1906. Heute, so muß leider festgestellt werden, dürfte dieser Werbeslogan als überholt anzusehen sein.

Eine der ältesten Postkarten mit einer Ansicht des Duisburger Hafens zeigt einen Abschnitt vom Innenhafen mit den Speicherhäusern und der typischen Duisburger Innenstadtsilhouette. Die Abbildung stammt aus dem Jahre 1897.

Es war schon ein großes Ereignis, als im Jahre 1902 im Kaiserhafen ein Seedampfer einlief. Auch dieses Erlebnis wurde vom damaligen Fotografen festgehalten unter dem Motto „Unsere Zukunft liegt auf dem Wasser". Interessant ist in diesem Zusammenhang zu vermerken, daß gerade in der heutigen Zeit die Rhein-See-Schiffahrt stark an den guten Umsatzergebnissen des Duisburg-Ruhrorter Hafens partizipiert

Der hier abgebildete Rhein-See-Dampfer hat am Dampfkran festgemacht, um eine Kohlenladung zu übernehmen. Im Hintergrund ist die Vinckesäule zu erkennen.

Idylle am Duisburg-Ruhrorter-Eisenbahnbassin. Im Vordergrund liegen 2 Wohnschiffe fest vertäut. Im Hintergrund einige Seitenraddampfer mit den weit sichtbaren, charakteristischen weißen Kaminen der Harpener Bergbau Actiengesellschaft. Im Mündungsbereich des Hafenbeckens der Eisenbahnhebeturm für die Trajektfähre zwischen Ruhrort und Homberg.

Im Duisburg-Ruhrorter Hafenmund zeigt sich eine Ansammlung von Dampfbooten. Im Vordergrund das unter holländischer Flagge fahrende Dampfboot „Engineer". Dahinter, ebenfalls an Land liegend, das Dampfboot „Elli". Dieses Boot wurde 1885 in Rotterdam erbaut mit einer Maschinenleistung von 100 PS. Eigentümer war die Firma Karl Schroers in Duisburg.

Die offensichtlich vom Lehnkering-Speicher am Nordufer des Innenhafens fotografierte Ansicht der Duisburger Innenstadt mit Schwanentorbrücke zeigt zahlreiche Dampfkrane auf der Nordmole des Hafenbeckens.

Eine Stunde vor Arbeitsbeginn mußten die Kranführer dafür sorgen, daß „Dampf" vorhanden war. Dies bedeutete, daß sie Kohlen auf das über Nacht abgedeckte Feuer legen mußten, damit der nötige Dampfdruck erreicht werden konnte.

Ein Motiv aus dem Duisburger Innenhafen. Die Lastkähne mit ihren großen hölzernen Schwergutbäumen warten darauf, gelöscht zu werden. Stückgut wurde mit dem an Bord befindlichen Ladegeschirr von der Besatzung selbst entladen.

Ein Bild aus alten, längst vergangenen Zeiten, in denen noch der altehrwürdige Stockanker am Bugspriet geführt wurde und es Pflicht war, eine Schuluniform zu tragen. In heutigen Zeiten der Bequemlichkeit nahezu erschreckend ist es festzustellen, daß es neben diesen damals schon als modern geltenden Elevatoren, Dampfkranen, Kippern und Rutschen auch noch Handkrane gab, wie auf dem obigen Bild rechts zu erkennen ist.

Eine weitere Impression aus dem Duisburg-Ruhrorter Hafen zeigt einen Schleppkahn beim Löschen mit einem Becherelevator. Der Getreidespeicher der Firma Voss und Langen – rechts im Bild zu erkennen – war größenmäßig so ausgelegt, daß er 50 000 Sack Getreide fassen konnte. Der Schiffselevator konnte mit Hilfe der Speichermaschinen und durch einen Sauggasmotor betrieben rund 35 000 kg Getreide stündlich umschlagen.

Besonders deutlich ist die fachmännische Art zu bewundern, das Schiff mit vorn und achtern ausgebrachten Schoorbäumen vom Ufer fernzuhalten, damit die Kimm nicht an der Böschung beschädigt wird. Eine dem Schiffspersonal obliegende Aufgabe, die in heutigen Zeiten zwar auf Grund der begradigten Uferbefestigungen und Spundwände nicht mehr all zu häufig durchgeführt werden muß, oftmals jedoch, obwohl notwendig, vernachlässigt wird.

Eine Abbildung des Kultushafens Duisburg-Hochfeld mit der dort befindlichen Eisenbahnbrücke. Deutlich ist zu erkennen, wie in damaligen Zeiten – die Aufnahme wurde im Sommer 1904 aufgenommen – die Kohlenverladung vonstatten ging. Einmal war die Möglichkeit der Verladung mit dem Dampfkran gegeben, der auf dieser Ansicht auf dem Molenkopf zu erkennen ist. Anderseits gab es auch, dies ist im Vordergrund zu erkennen, ein Gestell, welches für Kipploren errichtet wurde, deren Inhalt vom Gerüst aus in den Schiffsbauch gekippt wurde. Von Hektik ist auf diesem Bild nichts zu verspüren. Man kann davon ausgehen, daß der Lade- bzw. Löschvorgang in damaligen Zeiten recht gemütlich durchgeführt wurde, was den Zeitablauf anging. Das es sich in diesen noch nicht automatisierten Zeiten bei den Lade- und Löscharbeiten um körperlich schwerste „Maloche" handelte – hier ist das aus dem Ruhrgebietsplatt entnommene „Fachwort" recht passend – steht außer Frage. Links im Bild ist ein Schleppkahn der Firma Stachelhaus & Buchloh zu erkennen.

Im Kultushafen wurden schon 1890 zwei Kohlenkipper gebaut. Links im Bild ist die Kippanlage deutlich zu erkennen. Der Absender dieser Postkarte schrieb in seiner Zeit an die zu Hause verbliebenen Familie: „Die Hafenanlagen sind hier großartig. Furchtbar viele Schiffe liegen hier!"

Die Rheinbrücke Duisburg-Hochfeld und der Kultushafen. Hier im Kultushafen wurden die vom Oberrhein talwärts getriebenen Flöße wieder auseinandergenommen. In der Mitte des Hafenbeckens sieht man ein altes Dampfgüterboot mit Deckslast. Am linken Hafenufer ist ein mechanischer Kohlenkipper zu erkennen. Die Hochfelder Brücke galt bei den Schleppschiffkapitänen als Zeitmarke. Von der Hochfelder Brücke bergwärtsfahrend nach Köln benötigten die ersten Raddampfer mit 3 Schiffen im Anhang noch rund 40 Stunden. Die Strecke ist in heutigen Zeiten in 10 – 12 Stunden mit den modernen Fahrzeugen zu bewältigen.

Namedy war zu Ende des 18. Jahrh. für die Flösserei auf dem Rhein ein bedeutender Platz; denn hier bestand ein großer Floßhafen, in welchem die von oben kommenden kleinen Flöße zu großen zusammengefügt wurden.

Viktor Hugo schildert in seiner anschaulichen Art ein großes Floß von Namedy wie folgt: „Dreihundert Floßführer bewegen eine riesige Maschine, große Ruder vorn und hinten schlagen nach dem Takte ins Wasser, ein ganzer Ochse hängt offen und blutend an den Hebebäumen, ein anderer lebender geht um den Pfahl, an dem er angebunden ist, und brüllt, weil er die jungen Kühe am Ufer weiden sieht. Die dreifarbige Fahne flattert im Winde, der Koch schürt das Feuer unter dem Kessel, aus drei oder vier Hütten, wo die Matrosen aus- und eingehen, steigt Rauch auf, und ein ganzes Dorf lebt und schwimmt auf diesem ungeheuren Fußboden von Tannenholz. Diese großen Flöße aber verhalten sich zu den alten riesigen Floßflotten wie eine Schaluppe zu einem Dreidecker. Die Züge von ehedem bestanden wie jetzt aus Tannen für Maste, aus Eichen-Bohlen und kleinem Holz, an ihren Enden mit Bundsparren zusammengehalten, an ihren Gliedern mit Strängen von Weidenruten und eisernen Klammern befestigt, und trugen 15 – 18 Häuser; 10 – 12 kleine Kähne und Ankern, Senkbleien und Tauwerk beladen, gingen 8 Fuß ins Wasser, maßen 70 Fuß in der Breite und gegen 900 in der Länge, d. h., jetzige Tannenflöße der Murg aneinandergereiht. Rings um den Mittelpunkt des Floßes, hier an einem Baumstamm angebunden, der zugleich als Brücke und als Kabeltau diente, schwammen, teils um die Richtung zu geben, teils um die Gefahr des Strandens zu vermindern, 10 oder 12 kleine Flöße von 80 Fuß Länge, die man die Knie oder Anhänge nannte."

Der Floßverkehr auf dem Rhein nahm immer mehr ab. 1908 passierten die Schiffbrücke zu Koblenz 250 Flöße (davon wurden 249 von Dampfern geschleppt) mit 151 785 t Gewicht, Köln 242 mit 144 996 t, Wesel 53 mit 18 206 t. Über die Landesgrenze bei Emmerich gingen 8 Flöße mit 16 229 t Gewicht.

In Duisburg-Ruhrort endet der Rhein-Herne-Kanal und mündet in das Hafensystem, so daß eine direkte Verbindung zum Rhein gegeben ist. Der Rhein-Herne-Kanal wurde 1914 dem Verkehr übergeben. Die Baukosten betrugen 67 000 000 Reichsmark. Die Abbildung zeigt den Rhein-Herne-Kanal bei Karnap mit einem Schleppzug. Bei dieser Ansicht handelt es sich um eine Postkarte, geschrieben am 27. Mai 1922. Der französische Absender teilte seiner Familie in Lyon (Frankreich) mit, daß die Reise ohne Schwierigkeiten verlaufen sei und gute Temperaturen geherrscht haben.

C. ENGELHARDT
gegr. 1881   Duisburg-Ruhrort   gegr. 1881
Eigene Umschlags-Einrichtungen
im Kaiserhafen und Hafenkanal.
Direkte Rhein-See-Dampfer nach Nord- und Ostsee.

Personenschiffahrt
nach allen Stationen des Rheins.

Wir stellen **Personenboote** in allen Größen
50 – 1000 Personen fassend
Vereinen, Gesellschaften und Schulen für

Vergnügungsfahrten

zu mäßigen Preisen zur Verfügung.
Von Mai bis September planmäßige Fahrten Hamborn—Düsseldorf.

Gebr. Luwen, Reederei, Dbg.-Ruhrort
Telefon: Amt Nord 6509, 6510, 6511
Tel.-Adr.: Luwen, D.-Ruhrort.   Am Eisenbahnhafen.

AEG

Allgemeine Elektricitäts-Gesellschaft
Abt. Wv

Cleve	Duisburg	Wesel
Wasserstr. 38/40 Fernruf 555	AEG-Haus, Sonnenwall Fernruf: Süd 4530 bis 4534	Berlinertorplatz 3 Fernruf 295

*

Lieferung von Maschinen, Schalt-Apparaten,
Meß-Instrumenten, Installations-Materialien,
Heiz- und Kochgeräten, Staubsaugern
an Installateure u. Wiederverkäufer

Große Lagerhaltung

LINDEN-RHEDEREI G.m.b.H.
Moselstraße 36   **DUISBURG**   Moselstraße 36

Vertreter: St. Goar, Fernspr. 32 / Neuß, Fernspr. 387 / Mannheim, Fernspr. 8342
Drahtanschrift: Lindenrhederei, Fernsprecher: 4648 und 4649

Eigene Rad- und Schraubendampfer sowie Rhein- und Kanalkähne

Ein Schraubendampfer mit 2 Kähnen im Anhang unter der Admiral-Graf-Spee-Brücke in Duisburg-Rheinhausen. Im Hintergrund ist die Eisenbahnbrücke Rheinhausen-Duisburg erkennbar. Mit der zunehmenden Größe der Schleppkähne wurde auch unmittelbar eine Verstärkung der Schleppkraft der einzelnen Schleppboote notwendig. Haniel, Stinnes und auch die Mannheimer Dampfschleppschiffahrt stellten schon 1905 Schleppboote mit 1200 bis 1300 PS in Dienst.

Fritz Lünnemann G.m.b.H.

Maschinenfabrik und Schiffswerft

Fernsprecher: Duisbg. Nord 7526   **Duisburg=Ruhrort**   T.-A.: Lünnemann Duisbg.-Ruhrort.

Schiffsschrauben ⊘ Propeller
als 30jährige Spezialität. — Ueber 8000 Stück geliefert.

Dampfstrahl-
Entrußungs-Apparate

Abdampf-
Speisewasser–Gegenstrom–
Vorwärmer

Schiffshilfsmaschinen
neuzeitlicher Konstruktion.

Elektrisches Schweißverfahren
zur Beseitigung aller Kesselschäden

Schwimmende Schweißanlage

Mech. Dampfschmierpressen
Schlepptrossen – Klemmen.

Gebrüder Luwen, Duisburg-Ruhrort
Schiffswerft
Elektro-Schweißwerk / Kesselschmiede / Maschinenfabrik

Telefon:
Amt Duisburg Nord
6509, 6510, 6511

Tel.-Adr.:
Luwen, D.-Ruhrort

Alle Defekte an Dampfkesseln usw. beseitigt unter Garantie

Luwen's Elektro-Schweißmethode
Ueber 20000 Ia Referenzen

Günstig gelegene Werft am Eisenbahnhafen. — 5 Minuten vom Rhein.
2 Schiffsaufzüge.   120 Arbeiter.

Franz Haniel & Cie.
G. m. b. H.
Duisburg-Ruhrort

Reederei,
Kohlenhandel, Düngerhandel, Bergwerksbesitz
Preßkohlenwerke, Sprengstoffhandel

Fernspr.: Duisburg-Nord Nr. 6200-6207

Triton-Werft, GmbH.
Duisburg-Meiderich

günstigst am Ausgangspunkt des Hafenbeckens C gelegen.

*

Elektrischer Schiffsaufzug zum Aufnehmen der Schiffe bei jedem Wasserstand. / Bau und Reparatur von Schleppern, Kähnen, Pinassen, Schuten, Tankschiffen sowie Ausführung von Reparaturen jeder Art an Rhein- und Kanalkähnen.

*

Für billigste konkurrenzlose Berechnung bei guter und schneller Bedienung wird garantiert.

Blick auf den Rhein und die am Westufer gelegene Rheinpromenade in Uerdingen. Wenig bekannt ist, daß der 1906 in Betrieb genommene Uerdinger Hafen zugleich auch als Ausgangspunkt eines geplanten, jedoch nie realisierten Rhein-Schelde-Kanals nach Antwerpen dienen sollte.

Das Motiv zeigt Schiffsverkehr vor Uerdingen 1914. Im Vordergrund ist eine kleine Gierfähre zu sehen.

Aus dem Jahre 1939 stammt die Aufnahme der Dampferanlegestelle in Kaiserswerth in Höhe der Gaststätte „Zollhaus". Der Ankerplatz in Kaiserswerth wurde gerne von Schleppzügen frequentiert, da hier ein guter Ankergrund vorhanden war.

Oberhalb der Straßenbrücke in Düsseldorf liegt ein holländischer Passagierdampfer am Steiger. Im Hintergrund 2 Schleppzüge, der eine von einem Dampfboot, der andere von einem Seitenraddampfer geschleppt.

Die Rheinwerft in Höhe der Düsseldorfer Altstadt. Im Vordergrund ein Fischer bei seiner täglichen Arbeit zu einem Zeitpunkt, als die Fische im Rhein noch genießbar waren. Erfreulich ist in diesem Zusammenhang, daß seitens der zuständigen Ministerien vor kurzem die Feststellung getroffen werden konnte, daß der Genuß von Fischen aus dem Rhein zur Zeit als „unbedenklich" einzustufen ist.

Vom Oberkasseler Ufer aus eine Ansicht auf die Düsseldorfer Altstadt mit 2 talwärtsfahrenden Seitenradpersonendampfern. Das im Vordergrund abgebildete Personen- und Güterschiff „Prinz Heinrich" von der Köln-Mülheimer-Dampf-Schiffahrt wurde 1892 in Duisburg gebaut und verfügte über eine Maschinenleistung von 220 PS.

Talwärts Richtung Ruhrort fahrend ein Stinnes-Schleppzug mit leeren Kähnen. Die Raddampfer fuhren mit ihren „Anhängseln", teilweise getrieben von 2000 PS, die Strecke Ruhrort-Mannheim und schleppten hierbei bis zu 6000 Tonnen.

Das östliche Rheinufer von Düsseldorf in Höhe der Altstadt. Die Aufnahme stammt aus dem Kriegsjahr 1940. Noch hat der Krieg seine zerstörerischen Spuren nicht in Düsseldorf hinterlassen.

Paul Gielisch, Düsseldorf
Vereidigter Dispacheur
Fernspr.: 12228. Poststrasse 12. Drahtanschr.: Gielisch.
Experte für Schiffs- und Warenschäden
—— Pumpschiff ——

Niederrheinische Dampfschleppschiffahrts-Gesellsch.
Fernsprecher 7201, 7202   **Düsseldorf**   Fernsprecher 218, 1088
Reederei   Lagerhäuser
Drahtanschrift: Schleppfahrt-
Eilgüterdampfer- und Schleppkahn-Dienst.
Transportübernahme nach und von allen Rheinstationen und nach sämtlichen mit dem Rhein in Verbindung stehenden Wasserstrassen.
Bes. Abt. für: **Seeverfrachtung.**
Lagerungen aller Art, Getreidespedition und Speicherei mit den modernsten Reinigungsanlagen.
Sammelladungsverkehre — Transport — Versicherung.

Vor dem beliebten Motiv der Düsseldorfer Altstadt liegt im Vordergrund der Schraubenschlepper „Lisbeth".

Schraubenschlepper waren in der Anschaffung billiger als Raddampfer, hatten jedoch den Nachteil des größeren Tiefgangs. Darum wurden sie vorwiegend auf dem Nieder- und Mittelrhein eingesetzt. Die größten Schraubenschlepper hatten ca. 1400 PS und schleppten bis zu 5000 Tonnen.

Schraubenschlepper mit starker Rauchentwicklung bergwärtsfahrend an der Düsseldorfer Altstadt.

Düsseldorf. Hafen-Partie

Diese Hafenansicht aus Düsseldorf wurde als Postkarte im Jahr 1914 verschickt, so daß davon auszugehen ist, daß die Aufnahme aus dem Jahre 1913 stammt. Das Fahrzeug an der Kaimauer hat die Segel eingerollt. 1914 gab es auf dem Rhein und seinen Nebenflüssen, soweit diese schiffbar waren, 9944 Schleppkähne und Segelschiffe.

Jonen's Rhein- u. Seespedition G. m. b. H.
Düsseldorf
Fernsprecher Nr. 7144. Drahtanschrift: Massentransport

Schiffahrt auf dem Rhein und allen mit ihm in Verbindung stehenden Wasserstrassen

Speditionen aller Art
Umschlag von Massengütern
Reederei-Vertretungen

L. W. Cretschmar
Düsseldorf, Neuß und Rotterdam
Regelmäßiger Eildampfer-Güterverkehr

nach und von allen Rheinstationen zwischen Straßburg und Emmerich, nach den Mainplätzen, ferner nach und von Rotterdam Amsterdam, Antwerpen sowie den anschließenden holländischen und belgischen Binnenplätzen. Verschiffung von größeren Partien über die Kanäle nach Emden, Minden, Hannover, Bremen und Hamburg sowie den Ostsee-Häfen.

Regelmäßiger direkter Rheinseedampfer-Verkehr von Düsseldorf nach London, Kings Lynn, Goole, Danzig, Königsberg.

Versicherung, Lagerung, gr. Kipperanlage in Neuss.

Der Fährdampfer „Erft" läuft das Düsseldorf-Oberkasseler Ufer an. Dieses Fahrzeug wurde in Geestemünde gebaut und gehörte zur Flotte der Rheinischen-Bahn-Gesellschaft. Dieses Stahlboot wurde von 4 Besatzungsmitgliedern gefahren.

Auf der Altstadtseite von Düsseldorf liegt das Dampfboot „Habicht" an der Anlegestelle für Fährboote.

Der Rhein-See-Dampfer „Düsseldorf" hat im Düsseldorfer Hafen bei der Firma „Rhenus" festgemacht. Auf dem Achterdeck sind als Deckslast Kabeltrommeln zu erkennen.

Am Benrather Ufer hat ein ausgemusterter Raddampfer als Restaurationsschiff für immer fest gemacht. Die Aufnahme entstand im Juni 1934.

Unter der Hohenzollernbrücke in Köln, die im Jahre 1911 fertiggestellt wurde, fährt der der Firma Köln-Düsseldorfer gehörende Seitenraddampfer „Vaterland" bergwärts. Der Dampfer „Vaterland" wurde 1926 bei der Firma Gebr. Sachsenberg in Köln-Deutz erbaut. Dabei handelte es sich um ein Doppeldecksalonboot. Der Dampfer „Vaterland" war 79.03 m lang, hatte eine Breite von 8,25 m über Spanten und einen mittleren Tiefgang von 1,02 m. Er war mit einer Maschinenleistung von 750 PS ausgerüstet und konnte 2250 Personen befördern. Bei der Maschine handelte es sich um ein 2-Zylinder Heißdampfaggregat mit Ventilsteuerung.

Am 19. März 1945 ist der Dampfer durch eine Sprengung ausgebrannt und gesunken. Bei der Schiffswerft Hilgers in Rheinbrohl wurde er nach dem Krieg wieder instandgesetzt und kam 1949 in Fahrt.

Dem Kölner Dom gegenüber war die öffentliche Badeanstalt eingerichtet. In damaligen Zeiten war es noch nicht gesundheitsgefährdend, ein erfrischendes Bad im Strom zu nehmen. Hinter der Schiffsbrücke wartet ein Dampfgüterboot auf die Öffnung zur Weiterfahrt.

Oberhalb der Schiffsbrücke hat am Deutzer Ufer das Fährboot „Köln-Deutz II" festgemacht. Das Boot wurde 1896 in Kinderdijk, Niederlande, mit einer Länge von 23 m, einer Breite von 5 m und einem Tiefgang von 1,30 m erbaut. Das Boot war mit einer Maschinenleistung von 80 PS ausgestattet und hatte 3 Besatzungsmitglieder.

Unterhalb der Martinskirche war das Stapelhaus. An der Kaimauer liegt ein Schleppkahn mit Bunkerkohle für die Dampfer der niederländischen Dampfschiff-Reederei.

Eine weitere Aufnahme des Rheinufers bei Köln mit der Ortsbezeichnung Leystapel. Einige Markt- und Lokaldampfer der Reederei Weber in Köln versorgen sich bei den am Kai liegenden Bunkerkähnen. Die benötigten Kohlen wurden mit Körben in die Kohlenbunker der Dampfschiffe getragen.

Der Raddampfer „Rhein" unterhalb der Hohenzollernbrücke, der seinerzeitigen neuen Dombrücke. Der PRDG-Dampfer wurde 1888 in Kinderdijk, Niederlande mit einer Länge von 67 m, einer Breite von 7,10 m und einem Tiefgang von 1,56 m erbaut. Insgesamt waren 12 Mann Besatzung auf dem unter preußischer Flagge fahrenden Raddampfer beschäftigt.

Die Personenraddampfer der Köln-Düsseldorfer und der NSM, der Nederlandsche Stoomboot Maatschappij, Rotterdam, führten an den Radkästen eine schwarze Tafel, worauf die Wasserstände des Kauber Pegels bei Übernahme der Lotsen notiert wurden. Mit der Verbreitung des Radios wurde dieser Service für die Bergfahrt überflüssig.

Oberhalb der Kölner Hängebrücke haben einige Personendampfer festgemacht.

Die Personendampfer hatten bis in die zwanziger Jahre, von wenigen Ausnahmen abgesehen, nur Radantrieb. Der Propellerantrieb setzte sich erst mit der Einführung des Dieselmotors durch.

Vor der beweglichen Schiffsbrücke in Köln sind 2 Fährdampfer der nicht mehr existierenden Reederei Gebr. Bruckwilder aus Köln zu sehen. Bei dem rechten Boot handelt es sich um die „Köln-Deutz III", bei dem linken um das Schwesterschiff „Köln-Deutz I". Die Boote verfügten seinerzeit schon über eine Maschinenleistung von 80 PS.

Die Ansicht der Kölner Reede gibt den Blick frei auf den Dom mit der festen Rheinbrücke. Die Aufnahme entstand im Jahre 1902 und zeigt zwei Schraubenschlepper längsseits von 2 hölzernen Kähnen, um Bunkerkohle zu übernehmen.

Ein Raddampfer der Harpener Bergbau AG.

Auf der im Jahre 1900 verschickten Aufnahme ist deutlich die Schiffsbrücke in ihren Konstruktionsmerkmalen zu erkennen.

Alt-Köln Das alte Rheinwerft um 1875.

Alt-Köln mit der Rheinwerft um 1875. Die drei im Vordergrund an der Kaimauer liegenden Marktschiffe standen im Eigentum der Reederei Weber. Es handelte sich hierbei um die „Cöln", „Niederzündorf" und „Aurora".

Der bewegten Zeit der Jahrhundertwende entstammt diese Ansicht, ebenfalls aus Köln.

Eine Anzahl hölzerner Schiffe mit hohen Masten hat sich eingefunden, die zum Segeln oder Treideln benutzt wurden. Die in Klinkerbauweise konstruierten Kähne hatten hölzerne Aufbauten und wurden mit Helmholz gesteuert.

Reger Geschäftsbetrieb am Kölner Ufer um die Jahrhundertwende. Das Straßenbild wird noch von Pferdefuhrwerken und Handkarren beherrscht.

Die Schiffsbrücke oberhalb der Hohenzollernbrücke in Köln ist geöffnet, so daß der grosse Schleppzug die Möglichkeit erhielt, die Brücke zu passieren. Die Postkarte wurde im Jahre 1919 verschickt. Deutlich sind die direkt auf der Kaimauer errichteten Lagerhallen der PRDG zu sehen, in denen das Stückgut gelagert wurde, was dann vorwiegend auf „Glattdekkern" verschifft wurde.

Reger Betrieb am Rheinufer oberhalb der Hohenzollernbrücke. Auf dem Dampfer „Chr. Musmacher" werden Markt- und Kaufmannsgüter verladen. Besonders „beeindruckend" ist der Blick in das überaus einfach gehaltene Steuerhaus. Deutlich ist der Luxus zu erkennen, der nur aus einem liegend angebrachten Haspel, einem Sprachrohr und einer Glocke besteht. Daß es darüber hinaus mangels Scheiben auch noch gezogen haben muß, hat wohl seinerzeit niemanden sonderlich gestört.

In Köln herrschte von Anfang an die Preuss.-Rheinische-Dampfschiffahrts-Gesellschaft. Aber schon 1936 wurde die DGNM in Düsseldorf gegründet, die ihre Schiffe von Düsseldorf nach Mainz, später auch von Rotterdam nach Mannheim fahren ließ. Die PRDG und DGNM bekämpften sich von Anfang an sehr, bis 1853 ein gemeinsamer Fahrdienst vereinbart wurde.

Die Abbildung zeigt den Dampfer „Borussia" der PRDG, der im Jahre 1899 in Kinderdijk gebaut wurde. Er war 70 m lang, verfügte über eine Breite von 14,80 m und ging 1,30 m tief. Die Sensation in der damaligen Zeit war die Maschinenleistung von 1300 PS. Der Dampfer fuhr unter preußischer Flagge und muß wohl lange Zeit einer der beliebtesten Dampfer aufgrund seiner Schnelligkeit und seines Komforts gewesen sein. Dieses Doppeldeckersalonboot wurde im März 1945 im Brohler Hafen durch einen Artillerieangriff versenkt. 1950 kam der Raddampfer nach umfangreichen Reparaturarbeiten bei der Schiffswerft Hilgers AG und dem staatlichen Reparaturbetrieb St. Goar wieder in Fahrt.

Am Steiger vor dem Kölner Pegel hat ein Raddampfer der Köln–Düsseldorfer festgemacht. Deutlich ist unterhalb des Pegels an der Mauer die preussische Kilometerbezeichnung „186" zu erkennen.

Den Kölner Dom bergwärts passierend der Raddampfer „Rheinfels" im Schleppbetrieb. Die „Rheinfels" war das ehemalige Trajektboot Nr. 3 für den Fährbetrieb Ruhrort-Homberg, welches mit einer Maschinenstärke von 150 PS im Jahre 1871 in Ruhrort erbaut wurde. Das Boot ist sowohl als Personen als auch als Schleppboot eingesetzt worden, nachdem es an die Firma Winschermann & Cie, Mülheimer Kohlen- und Reedereikontor GmbH verkauft worden war.

Köln-Düsseldorfer Rheindampfschiffahrt

FAHRPLAN AB 20. MAI 1926

Beginn eines kleinern Fahrpl. ab April u. eines erweit. ab 2. Mai wird besonders bekanntgegeben.

Stationen	2 Täglich	4 Sonntags	6 Täglich	8 Sonntags	10 Täglich	12 Schnell-fahrt tägl.	14 Sonntags	16 Täglich	18 Rhein-Ex-preß tägl.	22 Täglich	24 Täglich	26 Täglich	28 Täglich
Köln - Frankenwerft ab	—	—	—	—	—	6³⁰	—	7¹⁵	8⁴⁵	10⁰⁰	♦12⁰⁰	3⁰⁰	6¹⁵
Porz ›											10⁴⁰		
Wesseling ›											1¹⁰	4¹⁰	7²⁵
Bonn an	—	—	—	—	—	8⁴⁵	—	9³⁵	10⁴⁵	12²⁰	2²⁵	5²⁵	8⁴⁰
ab	—	—	—	—	—	8⁵⁰	—	9⁴⁰	10⁵⁰	12³⁰	2³⁵	5³⁰	8⁴⁵
Godesberg ›						9²⁰		10¹⁰		1⁰⁰	3⁰⁵	6⁰⁰	9¹⁵
Königswinter ›						9³⁵		10²⁵		1¹⁵	3²⁰	6¹⁵	9³⁰
Honnef (Rhöndorf) ›								10⁴⁵		1³⁵	3⁴⁰	6³⁵	9⁵⁰
Rolandseck ›								10⁵⁵		1⁴⁵	3⁵⁰	6⁴⁵	10⁰⁰
Unkel ›								11¹⁰		2⁰⁰	4⁰⁵	7⁰⁰	10¹⁵
Remagen (Neuenahr) ›					7⁰⁰	10²⁰		11²⁵		2¹⁵	4²⁰	7¹⁵	10³⁰
Linz ›					7¹⁵			11⁴⁰		2³⁰	4³⁵	7³⁰	
Niederbreisig (Hönningen) ›					7⁴⁰			12⁰⁵		2⁵⁵	5⁰⁰	7⁵⁵	
Andernach (Laacher See) ›					8²⁵	11⁴⁰		12⁵⁰		3⁴⁰	—	8⁴⁰	
Neuwied (Rengsdorf) ›					8⁴⁵	12⁰⁰		1¹⁰		4⁰⁰	—	9⁰⁰	
Bendorf (Engers-Sayn) ›					9³⁰					4⁴⁵			
Koblenz an	—	—	—	—	10⁰⁵	1¹⁵	—	2²⁵	2⁴⁵	5²⁰	—	10¹⁵	
ab	—	—	7¹⁵	—	10¹⁵	1²⁰	—	2³⁰	2⁵⁰	5²⁵	—	—	
Niederlahnst. (Ems, Capel-) ›			7⁴⁰		10⁴⁰	1⁴⁵		2⁵⁵		5⁵⁰			
Oberlahnst. (len-Stolzenf.) ›			7⁵⁰		10⁵⁰			3⁰⁵		6⁰⁰			
Rhens (Königsstuhl) ›					11⁰⁰			3¹⁵		6¹⁰			
Braubach (Marksburg) ›			8¹⁰		11¹⁰			3²⁵		6²⁰			
Boppard ›			8⁴⁵		11⁴⁵	2⁴⁰		4⁰⁰		6⁵⁵			
Camp (Bornhofen) ›	—	—	8⁵⁰		11⁵⁰			4⁰⁵		7⁰⁰			
St. Goar (St.Goarsh. Lorelei) ›	6³⁰		9⁵⁵		12⁵⁵	3⁴⁵		5¹⁰		8⁰⁰			
Oberwesel ›	6⁵⁰	10¹⁵			1¹⁵			5³⁰					
Caub ›	7⁰⁰	10²⁵						5⁴⁰			20		
Bacharach ›	7¹⁵	10⁴⁰			1³⁵			5⁵⁵					
Lorch ● ›	—	(11⁰⁵)		(2⁰⁰)		(6²⁰)							
Aßmannshausen ›	8¹⁵	10⁰⁰	11⁴⁵	2⁴⁰	2⁴⁰	5²⁰	6¹⁰	7⁰⁰			Samstags		
Bingen (Kreuznach) an	8³⁵	10²⁰	12⁰⁵	3⁰⁰	3⁰⁰	5⁴⁰	6³⁰	7²⁰	6⁵⁵				
ab	8⁴⁰	10²⁵	12¹⁰	3⁰⁵	3⁰⁵	5⁴⁵	6³⁵	7³⁰	7⁰⁰		—		
Rüdesheim ›	8⁵⁵	10⁴⁰	12²⁵	3²⁰	3²⁰	6⁰⁰	6⁵⁰	7⁴⁵			7⁴⁰		
Geisenh. (Joh'berg, Marient.) ›	9¹⁰	10⁵⁵	12⁴⁰	3³⁵	3³⁵		7⁰⁵	8⁰⁰					
Freiweinheim (Ingelheim) ›	9³⁰	11¹⁵	1⁰⁰	3⁵⁵	3⁵⁵		7²⁵	8²⁰					
Oestrich-Winkel ›	9³⁵	11²⁰	1⁰⁵	4⁰⁰	4⁰⁰		7³⁰	8²⁵					
Hattenheim ›	9⁴⁵	11³⁰		4¹⁰	4¹⁰		7⁴⁰	8³⁵					
Eltville (Schwalb., Schl'bad) ›	10¹⁰	11⁵⁵	1³⁵	4³⁵	4³⁵	7⁰⁰	8⁰⁵	9⁰⁰					
Nieder-Walluf ›	10²⁵	12¹⁰	1⁵⁰	4⁵⁰			8²⁰	9¹⁵					
Biebrich (Wiesbaden) ›	10⁴⁵	12³⁰	2¹⁰	5¹⁰	5⁰⁵	7³⁰	8⁴⁰	9³⁵	8⁴⁰		9¹⁰		
Mainz an	11⁰⁵	12⁵⁰	2³⁰	5³⁰	5²⁵	7⁵⁰	9⁰⁰	9⁵⁵	9⁰⁰		9³⁰		
ab						5⁴⁰							
Nierstein ›						6⁴⁵							
Gernsheim ›		Die Fahrzeiten sind ohne Gewähr				8⁰⁵							
Worms ›						9¹⁵		♦ Aufnahme des Verkehrs mit Lorch erst nach Bekanntmachung					
Mannheim-Ludwigshafen an						10³⁰							

♦ Im Hochsommer u. U. von Düsseldorf ausgeh. Fahrt, bei d. Agenturen Erkundigung einziehen.

Am Kölner Ufer hat ein Seitenraddampfer der Köln-Düsseldorfer-Rheindampfschiffahrt angelegt.

Schon 1838 hatte die Preussisch-Rheinische-Dampfschiffahrts-Gesellschaft (PRDG) den ersten eisernen Dampfer, den „Graf von Paris", der bei der Werft Jacobi, Haniel & Huyssen (GHH) in Ruhrort erbaut wurde, in Dienst gestellt.

Diese Fliegeraufnahme kann durchaus als ein Kuriosum bezeichnet werden, und zwar insofern, als die Hohenzollernbrücke auf diese Luftaufnahme wegretuschiert worden ist. Dies war eine Auflage des Reichsluftfahrtministeriums aufgrund militärischer Erwägungen.

Das Luftschiff „Graf Zeppelin" über dem Dom und der Hohenzollernbrücke in Köln. Im Vordergrund ein Talzug. In dieser Formation mußte immer das längste Schiff steuern, um eine größtmögliche Effektivität der Hebelwirkung zu erreichen.

Eine alte Ansicht der Kölner Hafenanlage an Leyskirchen. Diese Aufnahme entstand vor der Jahrhundertwende und zeigt die Hafeneinfahrt, die rechts am Turm vorbeiführt. Nach dem Bau der Kaimauer wurde auch die Hafeneinfahrt verlegt, wie auf der zweiten Abbildung zu erkennen ist. Im Vordergrund ein Weber-Schiff mit wohl recht unbequemen hölzernen Sitzbänken.

CÖLN a. Rh.   Hafeneinfahrt

KÖLN

die altehrwürdige rheinische Metropole,
die Universitäts-, Musik-, Theater- und Kunststadt,
die führende Handelsstadt des Rheinlandes,
die Messestadt des rheinischen und rhein.-westf. Wirtschaftsgebietes,
der Sitz weltbekannter Industrien,
die wachsende Industriestadt mit umfangreichem, verfügbarem städtischen Industriegelände,
die Hafenstadt mit einem im Bau begriffenen neuen großen Handelshafen,
ein Eisenbahnhauptknotenpunkt Europas und wichtiger Kreuzungspunkt internationaler Fluglinien,
die Ausstellungs-, Kongreß- und Fremdenstadt,
der Ausgangspunkt der herrlichen Rheindampferfahrten nach dem Siebengebirge, dem Mittel- und dem Niederrhein

ist stets ein bevorzugtes Ziel des Reiseverkehrs.

Auskunft in allen Angelegenheiten des Reiseverkehrs erteilt das Städtische Verkehrsamt, gegenüber Dom u. Hauptbahnhof.

Unterkunft siehe Seite 64.

Köln
Abkürzungen: S Sonntags,   ● Expreßfahrt,   * Schnellfahrt
(Siehe Hauptfahrplan Seiten 4 bis 7)
zu Tal | zu Berg *630 715 ● 845 1000
                                          1200 300 615
Landebrücke: Leystapel, Agentur: A. Vrancken, Tel. Ulrich 129

Ein Gruß aus Bonn mit der Ansicht der Rheinwerft. Links im Bild sind die Flußschwimmbäder zu erkennen, die früher in keiner Stadt am Rhein fehlten. Diese Karte wurde im Jahre 1902 verschickt.

Ein Blick auf die Rheinbrücke und die Rheinanlagen von Bonn. Soeben hat ein Personenraddampfer vom Ufer abgelegt und beginnt seine Fahrt zu berg. Bei dem Raddampfer handelt es sich um einen in der Personenschiffahrt eingesetzten Güter- und Personendampfer.

BONN Universitäts- und Gartenstadt mit 93000 Einwohnern. Eingangstor zum Schönheitsreich des Rheintales. Eisenbahnstation der Linien: Köln—Mainz, Bonn—Euskirchen; rechtsrheinisch: Station Beuel der Linie Köln—Wiesbaden—Frankfurt. Elektrische Fernbahnen (halb- bzw. viertelstündlich) nach Königswinter—Honnef (Siebengebirgsbahn); nach Bad Godesberg—Mehlem; nach Siegburg; nach Köln (Rheinuferbahn). Kraftwagenverkehr (halbstündlich) nach Neuenahr—Ahrweiler—Altenahr. Landestelle der Rheindampfer. Motorboote nach allen Richtungen. Kurfürstliche Schlösser (jetzt Universität). Provinzialmuseum (Wesendoncksammlung), Städtisches Museum, Geburtshaus Beethovens (Museum), Münster mit interessantem Kreuzgang. Reges musikalisches Leben: Städtisches Orchester, Stadttheater (Schauspiel und Oper), Neues Operettentheater. Ausgangspunkt der Rheinhöhenwege, der Wanderungen in das Siebengebirge, die Eifel, das Ahrtal, den Westerwald u. a. m. Im nahegelegenen Kottenforst herrliche Waldwege mit Ausblick auf das Siebengebirge.

9. bis 13. Mai 1926:
15. Kammermusikfest des Vereins „Beethovenhaus".
Auskunft: Städtisches Verkehrsamt, Poststraße 27, Fernruf 3575.
Unterkunft siehe Seite 63.

Bonn
Abkürzungen: S Sonntags, ● Expreßfahrt, * Schnellfahrt
(Siehe Hauptfahrplan Seiten 4 bis 7)

zu Tal	11.15	150	400	●330		zu Berg	850	940	●1050	1200
	*525		845				235	530	845	

Landebrücke: Rheinwerft, Agentur: W. Kuchem, Fernsprecher 41

Mit einem schönen Blick auf das Siebengebirge zeigt die Ansicht den Personenraddampfer „Kaiserin Auguste-Victoria", der vom Ufer ablegt, um talwärts Richtung Köln zu dampfen. Der Raddampfer „Kaiserin Auguste-Victoria" wurde 1899 bei Sachsenberg erbaut und stand im Eigentum der DGNM. Der Dampfer verfügt über eine Länge von 83 m, eine Breite von 8,20 m (ohne Radkasten) und einem Tiefgang von 1,63 m. Die Maschine war mit einer Leistung von 1250 PS versehen. An Bord befanden sich 16 Mann Besatzung.

Bonn a. Rh. - Partie mit Rheinbrücke

Auf der Abbildung zeigt sich der Raddampfer „Franz-Haniel VI" in Bonn bergwärtsfahrend. Der Raddampfer wurde 1888 auf der Haniel-Werft in Ruhrort erbaut. Das 1200 PS starke Räderboot hatte eine Länge von 76 m, eine Breite von 20,32 m und einen Tiefgang von 1,50 m. Ab 1931 galt er als sogenannter „Baselfahrer", was bedeutete, daß er niedrige abklappbare Aufbauten hatte, um die niedrige Kehler Brücke zu passieren. Im Jahre 1945 wurde er bei Benrath versenkt. Nach seiner Wiederinstandsetzung nach dem Krieg war er wieder im Einsatz, bis er 1955 endgültig außer Dienst gestellt wurde.

Zwei staunende Jungen beobachten den Raddampfer „Rijntrans II". Der Dampfer ist auch bekannt unter seinen späteren Namen „Colonia III" und „Karlsruhe 25" der Fendel-Gruppe. Mit 1600 PS war der Raddampfer sehr wohl in der Lage, einige Schleppkähne bergwärts zu ziehen. Der Dampfer hatte eine Länge von 75 m, eine Breite von 21,26 m und einen Tiefgang von 1,67 m. Sein Heimathafen war Rotterdam. 13 Mann Bedienungspersonal waren notwendig, um den Betrieb an Bord aufrechtzuerhalten. Die Kriegswirren überstand der Dampfer ohne Schaden im Stockstadter Altrhein. 1953 wurde der Dampfer außer Dienst gestellt.

Aus einer Berufswerbung 1935 stammt der Aufruf, Schiffsjunge zu werden.

Willst Du auch Schiffsjunge werden?

Melde Dich schriftlich oder mündlich an: bei Deinem zuständigen Arbeitsamt oder bei einer Rheinschiffahrtsreederei oder unmittelbar beim Schulschiff „Duisburg", Verein zur Wahrung der Rheinschiffahrtsinteressen e.V., Duisburg.

Der Schulschiffbesuch (Lehrgangdauer 3 Monate) ist kostenlos und wird voll auf die Lehrzeit angerechnet. Lehrgangbeginn: Jeweils am 1. Januar, 1. April, 1. Juli und 1. Oktober.

Die Lehrzeit als Schiffsjunge dauert 3 Jahre und wird durch einen Lehrvertrag gesetzlich geregelt.

Die Berufsausbildung auf den Fahrzeugen wird ergänzt durch drei Pflichtlehrgänge von je acht Wochen Dauer auf der Schifferberufsschule. Die Lehrgänge sind kostenlos und werden auf die Lehrzeit angerechnet.

Seinen HJ.-Dienst erfüllt der Schiffsjunge im „Bann Binnenschiffahrt" der Marine-HJ.

Nach Abschluß seiner Lehrzeit rückt der Schiffsjunge zum Matrosen auf. Die Stellung des Matrosen in der Binnenschiffahrt entspricht der des Gesellen im deutschen Handwerk.

Dem Matrosen steht nach sieben- bis achtjähriger Fahrzeit die Laufbahn des Schiffsführers offen. Die Aufstiegsmöglichkeiten sind sehr günstig.

Jeder 3. Schiffsjunge - Schiffsführer!

Bonn a. Rh.   Rheinbrücke m. abfahrendem Dampfer

Ein vollbesetzter Personenschnelldampfer legt vom Ufer in Bonn ab und fährt weiter nach Remagen. Anläßlich der Vorbeifahrt des Drachenfelses im Siebengebirge wurden die mitfahrenden Gäste dahingehend informiert, daß der Drachenfels wohl die „merkwürdigste Kuppe des Siebengebirges darstellt". „Er sei 1056 Fuß hoch und habe eine sehr schöne Burgruine. Diese gehöre Privatpersonen, die sich seit einigen Jahren den Zutritt teuer bezahlen lassen."

Unterhalb der Remagener Eisenbahnbrücke, die heute nicht mehr existiert, hat das Rhein-See-Schiff „Apollinaris II" festgemacht. Hier wurden bereits in früheren Jahren die Flaschen eines berühmten Mineralwassers verschifft und nach London transportiert. Die Ladung wurde, wie man sehen kann, mit Schubkarren an Bord gebracht.

Bild der alten Rheinschiffahrt

Zwei Bürger lustwandeln geruhsam am Rheinufer: Nicht wahr, Herr Nachbar, ein so reges Leben sah man selten auf dem Strom. Da kommen gerade wieder einige „Oberländer" mit dem Mainzer Wimpel. Putzig, mein Junge vergleicht sie immer mit Holzschuhen, die Flossen haben. Sehen sie den kräftigen Schiffsmeister vor der hohen Hütte am Heck, wie er den breiten „Lappen" (Steuer) bedient. Wie die Ruderknechte sich in die Riemen legen. Aha, sie halten auf unsere Werft an. Wollen dort wohl einen Teil ihres Getreides löschen. Wie malerisch die dunklen Weinschiffe von der Mosel aussehen. Sie haben ihre Segel aufgesetzt, um noch vor Nacht ihr Ziel zu erreichen. Wie aus Bronze gegossen steht der Steuermann mit seiner Pfeife auf dem Hinterdeck. Und nun schauen sie nach Rheindorf hin! Ein paar Kölner Schiffe kommen. Haben wohl Heringe, Butter, Käse fürs „Oberland" geladen. Was für ein Radau diese Rheinhalfen und ihre Knechte machen. Lungen wie die Ochsen! Ein rauhes Völkchen! Trinkfreudig und wetterfest! Die armen Pferde sind zu bedauern. Nun biegen noch ein paar schwerfällige Kohlenkähne ins „Rheindorfer Loch" ein. Haben die tief geladen! Werden wohl an unsere Werft ihren „Brand" und „Geritz" löschen. Ei, sieh da, das nette, zierliche Schiff. Die Jacht unseres Kurfürsten! Wie lieblich die Musik zu uns herüberschallt. Heute abend fahren wohl die hohen Herrschaften nach Godesberg. — Aber was kommt denn da zu Tal? Ein Floß von Mainz. Hat das eine respektable Größe. Ich schätze 200 Fuß breit und an 700 Fuß lang. Werden sich die Mynheers über die prächtigen Eichen- und Tannenhölzer freuen. Was für ein Gewimmel von Menschen auf diesem schwimmenden Dorf. Vorn die Lappen werden wohl von 30 Mann bedient. Wie gut ihr rauher, taktfester Gesang zu uns herüberdringt. Auf dem Floß Hütten an Hütten. Da vorn der große Schuppen ist die Küche. Da gibts Fleisch, Bier und Wein in Menge; denn Arbeit und Rheinluft geben guten Appetit. Na, Herr Nachbar, da wären wir in Grau-Rheindorf. Der Wirt am Ufer hat einen guten Schoppen! Tun wir ihm die Ehre an!

Überlassen wir die biederen Bürger ihren Betrachtungen beim Glase Rotspon und versuchen das Bild der alten Schiffahrt durch das Hervorheben einzelner Züge noch anschaulicher zu gestalten.

———

Eine Ansicht von Erpel am Rhein. Die berühmte Remagener Brücke ist noch nicht erbaut. Die Aufnahme wurde im Jahre 1907 verschickt. Das alte Segelschiff im Vordergrund übernimmt eine Ladung Apollinaris Mineralwasser.

Die Abbildung zeigt eine Luftaufnahme von Andernach.

Der berühmte Andernacher Kran, der bekannteste seiner Art am Rhein, wurde 1557 fertiggestellt und diente noch 1911 zum Verladen von Mühlsteinen.

Durch die geöffnete bewegliche Brücke von der Festung „Ehrenbreitstein" fährt das Personendampfboot „Vater Rhein" von der Binger Personenschiffahrt festlich geschmückt bergwärts.

Die Festung „Ehrenbreitstein" erhebt sich 118 m über dem Rhein. Als Festung galt sie für uneinnehmbar und wurde in ihrer Geschichte niemals erobert. Daß sie jedoch ohne Kampf übergeben wurde, muß an dieser Stelle hinzugefügt werden.

Immer wieder wurde die mächtige Kulisse der Festung „Ehrenbreitstein" als Hintergrund gewählt, Schiffe abzubilden.

Durch die geöffnete Schiffsbrücke bei Koblenz fährt ein Schleppzug talwärtsfahrend gezogen von einem kleinen Schraubenschlepper. Auf dieser Abbildung sind 2 Seitenradpersonendampfer der Köln-Düsseldorfer zu erkennen.

Früher mußten Böllerschüsse abgegeben werden, damit an den Schiffsbrücken das Joch geöffnet wurde. Die hier abgebildete Brücke bei Koblenz wurde 1944 zerstört.

Ebenfalls die bewegliche Brücke in Koblenz passierend das Räderboot „Overstolz" der Kölner Reederei, gut zu erkennen an den schwarzen Kaminen. Die Ansicht wurde im Jahre 1904 festgehalten.

Zwischenzeitlich wurden Dampfer der Reedereien auch zweckentfremdet. So waren die Seitenraddampfer „Bismarck", Elberfeld", „Mainz" und „Kaiser Wilhelm" in den Jahren 1946 – 1948 als Hotelschiffe in Köln und Düsseldorf eingesetzt. Erst als wieder genügend Hotelraum zur Verfügung stand, wurden die Boote für diesen Zweck nicht mehr benötigt und kamen wieder in Fahrt.

Die älteste u. umfassendste Fachpresse der westdeutschen Binnenschiffahrt ist die im 25. Jahrgang erscheinende

Zeitschrift für die westdeutschen Wasserstraßen

Der Rhein

umfassend folgende Gebiete: Rhein von Basel bis zum Meer einschl. der holländischen und belgischen Wasserstraßen, Main, Mosel, Neckar, Rhein-Herne-Kanal, Lippe-Seitenkanal, Dortmund-Ems-Kanal, Ems-Weser-Kanal und Weser.

Herausgegeben vom

Verein zur Wahrung der Rheinschiffahrtsinteressen
E. V., Duisburg

Publikationsorgan von 9 Körperschaften.

Inhalt:

Wissenschaftliche Aufsätze aus dem Gebiete der Binnenschiffahrt / Juristische Abhandlungen (Binnenschiffahrtsrecht, Speditionsrecht usw.) Verordnungen und Bekanntmachungen der Wasserbaubehörden / Berichte über die Verkehrslage des Schiffahrtsgeschäftes usw.

Immer wirksam und daher auch
erfolgreich
sind Ihre Geschäftsempfehlungen, Ausschreibungen, Anfragen, Angebote, Stellengesuche, Verkaufs- und Gelegenheitsanzeigen welche dieses Fachblatt verbreitet.

Bezugsgebühren halbjährlich Mark 10,50.
Anzeigenpreisstaffel steht zur Verfügung.

„Rhein" Verlagsgesellschaft m. b. H.,
Duisburg, Friedrich-Wilhelmstr. 41/43.

≡ Rheinhotel Dreesen ≡
Bad Godesberg.

Haus allererster Ranges. Direkt am Rhein, inmitten herrlicher, grosser Parkanlagen gelegen.

Zimmer von 3 Mk. an. Ganze Pension inkl. Zimmer von Mk. 6.50 an.
Table d'hôte, Diner an kleinen Tischen Mk. 3.—.
Auto-Garage, Luxuspferdestallungen. Im Winter ermäßigte Pensionspreise.

In paradiesisch schöner Lage am Waldrande (Kottenforst), zu Eingang des malerischen Klufterbachtales.
: Hôtel-Restaurant und Pension. :
Vorzügliche Verpflegung, familiärer Verkehr. – In der Zeit vom 15. Mai bis 15. Sept. jeden Montag 4 Uhr Gr. Militär-Konzert.
Sehenswürdigkeit im Hause: **Arndtmuseum.**

Arndtruhe
in
Godesberg a. Rh.

Zum goldenen Löwen
Hotel Jung Eigentümer CARL JUNG
Weingutsbesitzer ⸺ Weinhandlung
ST. GOAR a. Rhein.

Aeltester Gasthof der Stadt. — Gemütlich gut bürgerliches Haus in schönster Lage direkt am Rhein, mit gedeckten Terrassen, 1 Minute von Schiff und Bahn.
Haus der deutschen Lehrer, der Beamtenvereine und deutschen Radfahrerverbände.
Recommandé Cyclists Touring Club anglaise. Touring Club de France.

Vor der in Nebel gehüllten Kulisse der Festung „Ehrenbreitstein" zeigt die Abbildung das Dampfgüterboot „Industrie V" von der Firma Rhein und See Schiffahrtsgesellschaft Cöln. Deutlich sind die hohen Deckslasten zu erkennen. Dieses Güterboot wurde 1888 in Kinderdijk mit einer Maschinenleistung von 360 PS erbaut. Das 58,95 m lange, 6,13 m breite und 2,20 m tiefgehende Boot wurde von 7 Mann Besatzung bedient.

Ende des vorigen Jahrhunderts wurden die ersten Dampfgüterboote in Dienst gestellt. Dampfgüterboote wurden nur als Schraubenboote gebaut, weil die Radkästen bei der Verladung hinderlich waren. Sie waren mit starken Decks und schmalen Luken versehen, damit eine größtmögliche Nutzung für die Deckslast gegeben war. Wegen der ungünstigen Trimmung war die Maschine nicht achtern, sondern im letzten Drittel des Schiffes eingebaut.

COBLENZ

MONOPOL-METROPOLE
Hotel

das modernste Haus I. Ranges am Platze.

Günstigste Lage zwischen Dampfer-Landeplatz und Bahnhof.

Gebr. d'Avis.

In damaligen Zeiten, um die Jahrhundertwende, waren Nacht- und Nebelfahrten nicht so unproblematisch wie in heutigen Zeiten. Nautische Hilfsmittel, wie Radargeräte, gab es natürlich noch nicht. Jedoch bereits um das Jahr 1900 war der Rhein von der Mündung bis Mannheim befeuert. Die NSM, die Nederlandsche Stoomboot Maatschappij und die Köln-Düsseldorfer hatten eine primitive, wenn auch nützliche und brauchbare Befeuerung unterhalten. Abends wurden sturmsichere Petroleumlaternen am Ufer oder auf den Buhnen in einer Entfernung von zwei bis zu sechs Kilometer aufgestellt. Wer auf diese Lichter eingefahren war, und das waren die Kapitäne und Steuerleute auf den Güterbooten seinerzeit, brauchte eine dunkle Nacht und einzelne Nebelschwaden nicht zu fürchten. Bei dichtem Nebel ruhte jedoch die gesamte Schiffahrt auf dem Strom.

Blick auf die Moselmündung. Im Hintergrund ist das Kaiser-Wilhelm-Denkmal zu erkennen. Im Vordergrund Boote der preußischen Strombauverwaltung.

Der Blick von der Festung „Ehrenbreitstein" zeigt einen umfassenden Überblick über Koblenz, das Deutsche Eck und die Moselmündung sowie den hier stets dichten Schiffsverkehr auf dem Rhein. Im Vordergrund ist ein Raddampfer der Firma Fendel-Schiffahrts AG mit 6 Schleppkähnen zu erkennen. In der Fahrwassermitte ein weiterer großer Seitenraddampfer der Firma Fendel, bergwärtsfahrend parallel zu diesem ein Personendampfer. An den jeweiligen Personensteigern am Koblenzer Ufer warten weitere Raddampfer auf Fahrgäste.

Coblenz Hotel Riesen-Fürstenhof
— Häuser I. Ranges — **Anker** Schönste Lage a. Rhein
Rheinterrasse ∴ Hotel Fürstenhof: Konzerte.
JOH. HANSEN.

Ein Ausflugsdampfer vor der Castorkirche bergwärtsfahrend in Koblenz.

Erwähnenswert ist, daß seinerzeit viele Schiffe weibliche Namen trugen. Nach dem Rhein-Schiffahrts-Register von 1914 gab es 246 Schleppkähne mit dem Namen „Maria", 104 Schleppkähne mit dem Namen „Anna" und 68 Schleppkähne mit dem Namen „Elisabeth".

Der Winterhafen Ehrenbreitstein mit der dem Hafen den Namen gebenden gleichnamigen Festung. Bei Treibeis wurde der Hafen Ehrenbreitstein zum Überwintern der Koblenzer Schiffsbrücke benutzt. Rechts ein „Büroschiff" der Flußbauinspektion.

Hansen, Neuerburg & Co.

Kommandit-Gesellschaft

Kohlengrosshandel ◆ Bergbau ◆ Schiffahrt

Hauptsitz: **Frankfurt a. Main**

Büro: Hochstrasse 24. Telefon: Hansa 9087 und 9088.
Telegr.-Adresse:

Filialen: **Coblenz — Duisburg-Ruhrort — Karlsruhe Kehl i. B. — Mannheim Saarbrücken — Trier ═══ Zürich ═══**

Die obere Ansicht gibt den Blick auf Oberlahnstein und Schloß Stolzenfels mit einem Raddampfer und seinen 4 Anhangkähnen frei.

Die untere Abbildung zeigt einen Schraubenschlepper, der bei Oberlahnstein mit 4 Schiffen im Anhang aufdreht. Im Vordergrund Schloß Stolzenfels, im Hintergrund die Marksburg.

Der Rheindampfer „Rheingold" dampft in Boppard zu tal. Der im Eigentum der DGNM stehende Raddampfer wurde 1902 in Köln-Deutz gebaut. Bei dem Raddampfer „Rheingold" handelt es sich um ein Doppeldecksalonboot mit einer Länge von 71 m, einer Breite von 15.20 m und einem Tiefgang von 1,47 m. Bei voller Auslastung konnten 2200 Personen befördert werden. Im März 1945 wurde der Dampfer in Aßmannshausen durch das Öffnen der Flutventile versenkt. Nachdem er wieder gehoben war, kam er im Jahre 1950 wieder in Fahrt.

Auf den Booten der Köln-Düsseldorfer bekam man 1939 eine Tagesplatte (Fleischgericht mit Kartoffeln und Beilage) für 1,00 RM. Vollständige Menüs kosteten zwischen 1,64 RM und 2,40 RM.

Die Unterbringung der Matrosen war auf vielen Schleppkähnen, wie auch auf diesem Foto zu erkennen, sehr spartanisch. Unter Deck war die Küche, versehen mit einem Oberlicht. Der erste Matrose hatte in der Regel ein Zimmer mit Strohsack und der zweite Matrose in der Küche ein Schrankbett. Die Toilette befand sich in der Vorderpik neben dem Kettenkasten.

In Höhe von Bornhofen ein Köln-Düsseldorfer Boot vor dem Hintergrund der Burgen Liebenstein und Sternberg.

Der Expressdampfer „Kaiser-Wilhelm II" der Köln-Düsseldorfer Rheindampfschiffahrt wurde 1912 in Köln-Deutz mit einer Maschinenleistung von 1250 PS erbaut. 18 Mann Besatzung waren notwendig, um das 80 m lange, 16,00 m breite und 1,50 m tiefgehende Doppeldecksalonexpreßboot zu beherrschen. Der Dampfer wurde 1959 verschrottet.

Die obere Ansicht zeigt den Seitenraddampfer „Prins Hendrik" aus Rotterdam. Der Dampfer wurde im Jahre 1907 in Kinderdijk erbaut. Eigentümer war die NSM, Rotterdam. Dieses Personen- und Güterboot war 80,50 m lang, 15,25 m breit und hatte eine Maschinenleistung von 625 PS. Deutlich sind die Ladebäume, womit das Ein- und Ausladen der Ladung bewerkstelligt wurde, zu erkennen.

Auf den ersten Dampfern mußte seitens der Besatzung stets darauf geachtet werden, daß Pferde und Geschirr soweit wie möglich auf die vorderen Räume des Vordecks verteilt wurden, und zwar so, daß die Passagiere nicht behindert wurden.

Diese aus dem Jahre 1924 verschickte Aufnahme zeigt den Personenraddampfer „Barbarossa" unter preußischer Flagge fahrend und einen Schleppzug überholend unterhalb der Burg Katz bei St. Goarshausen. Der 77 m lange, 7,85 m breite und 1,24 m tiefgehende Dampfer wurde 1903 auf der Werft L. Smit & Zoon in Kinderdijk erbaut. Die 3-Zylinder-Heißdampfmaschine mit Schiebersteuerung leistete 800 PS. Mitte März 1945 wurde der Dampfer im Hafen Brohl durch Artilleriebeschuß versenkt, nachdem er schon durch Sprengbomben beschädigt war. Schräg an der Kaimauer hängend wartete er so auf sein weiteres Schicksal. Nach dem Krieg wurde er dann auf der Hilgerswerft in Rheinbrohl und durch die staatlichen Reparaturbetriebe in St. Goar repariert und kam 1950 wieder in Fahrt.

Die obige Abbildung zeigt von der gegenüberliegenden Uferseite St. Goarshausen mit dem Personenraddampfer „Undine". Der Dampfer „Undine" stand im Eigentum der PRDG und wurde 1894 in Kinderdijk in den Niederlanden erbaut. Das als Halbsalonboot konzipierte Gefährt hatte eine Maschinenleistung von 630 PS und verfügte über eine Länge von 66,75 m, einer Breite von 14,50 m und einen Tiefgang von 1,56 m. Achtern war ein Salon eingerichtet, vorne war der Dampfer als Glattdecker konzipiert. Am 15. März 1945 wurde der Dampfer in Köln-Stammheim durch Artillerietreffer versenkt. Interessant ist vielleicht noch zu bemerken, daß der Dampfer ab 1929 unter dem Namen „Stolzenfels" fuhr.

Schon ab 1827 war es auf Kölner Dampfschiffen verboten, Waren an Bord zu bringen. Hier ein Auszug aus der Verbotsliste: Pulver, Vitrohlöl, Salzgeist, Kienrosse, Bettfedern, Leinleder, Limburger Käse, alte Kleider und Lumpen etc.

Auch auf dieser 1928 gefertigten Aufnahme ist die Burg Katz, hoch über St. Goarshausen und gegenüber von St. Goar gelegen, zu sehen.

Einer der seinerzeit zahlreichen Aalschokker mit Netzen gegenüber der Loreley. Mit der zunehmenden Verschmutzung des Rheins verschwanden in ebensolchem Maße die Fahrzeuge vom Rhein.

Blick von der Loreley auf St. Goarshausen und die Burg Katz. Im Vordergrund ist der Loreleyhafen, der als Winterschutzhafen genutzt wurde, zu erkennen.

Bereits im Jahre 1906, aus dem diese Aufnahme stammt, galt der Loreleyfelsen wohl als der meist fotografierte Hintergrund für Dampfboote und sonstige Schiffahrtsgefährte am Rhein. Die Abbildung zeigt ein Personen- und Güterdampfer der NSM talwärtsfahrend.

Vor eben diesem berühmten Fotografenblick, der Loreley, zeigt sich ein uralter Schleppkahn mit Klippersteven und Helmholz. Besonders bemerkenswert sind noch die Holzaufbauten mittschiffs. Talwärtspassierend ein Boot der NSM, Rotterdam.

Die Abbildung zeigt einen Schraubenschlepper mit dem Lotsennachen längsseits unterhalb der Loreley bergwärtsfahrend. Die Aufnahme stammt aus dem Jahre 1903.

Auf diesem in Mannheim beheimateten Güterboot „Badenia XIX" wohnt der Kapitän vorne, der Maschinist mittschiffs und das Personal achtern. Das Güterboot fährt ebenfalls mit Lotsen, der seine Schaluppe mittschiffs angehängt hat. Die „Badenia XIX" stand im Eigentum der Mannheimer Lagerhaus-Gesellschaft (MLG).

Auf diesem Bild zeigen sich die gewaltigen aufgewühlten Wassermassen hinter dem Radkasten. Deutlich sind auch die Abweiser für die Schleppstränge zu sehen, durch welche gewährleistet war, daß man sich fast ungestört an Bord bewegen konnte.

Salondampfer „Wilhelmina" an der Pfalz in Kaub zu berg fahrend. Der Dampfer „Wilhelmina" stand im Eigentum der NSM und wurde 1891 in Kinderdijk gebaut. Er hatte eine Maschinenleistung von 750 PS und war 71,42 m lang, 14,00 m breit und verfügte über einen Tiefgang von 1,22 m. Nach 1940 wurde der Dampfer in „Willem II" unbenannt. Der Personenraddampfer hatte achtern einen wunderschönen, mit Mahagoni ausgebauten Salon und für einige Passagiere auch bereits Kabinen. 1944 sank der Dampfer aufgrund von Kriegseinflüssen und wurde anschließend verschrottet.

Bei den ersten Dampfschiffen war der Kohlenverbrauch enorm hoch. Für eine indizierte PS wurden 2,5 kg Kohlen pro Stunde verbraucht. Ein Dampfer mit 250 PS benötigte also 12,5 Zentner Kohlen pro Stunde.

Eine wirklich kuriose Schiffseinheit. MS „Rhenus 92", auf dem wirklich alles um 180° verdreht war. Die Wohnung des Schiffsführers, der Motorenraum und das Steuerhaus waren auf dem Vorschiff. 1937 war die Probefahrt. Mit 2 x 135 PS sollte „Rhenus 92" in den Kanälen eingesetzt werden. Der Erbauer hoffte, in den Kanälen weniger Wellenschlag zu verursachen und dem Sog an der Böschung hierdurch zu entgehen.

Die Abbildung zeigt den Seitenradpassagierdampfer „Overstolz". Eigentümer war die PRDG in Köln. Am 16. September 1890 wurde der Dampfer in Kinderdijk in Dienst gestellt. Mit einer Länge von 67 m, einer Breite von 14,40 m und einem Tiefgang von 1,65 m verfügte der Dampfer über eine Maschinenleistung von 670 PS. Er verfügte über eine Beförderungskapazität von 1650 Personen. Am 1. März 1941 wurde der Dampfer in Köln-Deutz durch Sprengbombentreffer versenkt. Das gesamte Hinterschiff war zerrissen, so daß eine Reparatur zu aufwendig gewesen wäre.

Die Unfallverhütungsvorschriften waren offensichtlich nicht sonderlich ausgebildet zu dieser Zeit. Denn anders ist es nicht zu erklären, daß sich auch Passagiere am Ankerspill aufhalten durften.

Bingen am Rhein.

Telephon 79. **Hotel Goebel** Telephon 79.

Anerkannt gutes Haus am Rhein, den Dampfschiffen direkt gegenüber.

Zimmer mit Frühstück von Mk. 2.50 bis Mk. 3.50.

Gebr. Goebel.

Der Raddampfer „Utrecht" wurde 1923 in Übigau/Dresden für die Standaard Transport Maatschappij, Rotterdam/Fendel gebaut. Die Maschinenleistung war mit 1500 PS angegeben. Die Länge betrug 76,90 m, die Breite über die Radkästen 21,75 m und der Tiefgang mit vollen Bunkern, das waren 164,5 Tonnen Kohlen, war 1,50 m. Nach einem Bombenangriff ist er 1944 im Mannheimer Mühlauhafen ausgebrannt und 1945 gesunken. Nach Kriegsende wurde er gehoben und war von 1948 bis 1951 nochmals in Fahrt. Verschrottet wurde er 1954.

Die aus dem Jahre 1935 stammende Abbildung zeigt die Burg Rheinstein sowie 2 Personenraddampfer und einen Seitenradschlepper zu ihren Füßen bergwärtsfahrend. Die Burg Rheinstein hieß einst Vautsberg (Berg des Vogtes). Sie wurde im 13. Jahrhundert vom Erzbischof von Mainz als Zollwacht erbaut. 1825 wurde die Burg von Prinz Friedrich von Preußen angekauft, ausgebaut und seitdem Burg Rheinstein genannt.

Auszug aus Verträgen mit den Gastronomieunternehmen auf den rheinischen Dampfschiffen von 1827:

„Art. 21: Das Dienst-Personal muß bestehen:
1) In einem gewandten, anständigen Oberkellner, der außer der teutschen auch der englischen und französischen Sprache mächtig sein muß.

   . . . .

4) Einer Küchenmagd, welche reinlich und anständig bekleidet sein und sich sittsam betragen muß."

Am 25. Januar 1916 sank der mit Zement beladene Schleppkahn „Gottvertrauen". Erst am 30. März 1916 konnte der Kahn gehoben werden. Dies führte also dazu, daß das Binger Loch rund zwei Monate gesperrt war. Der Untergang und die Sperrung führten zu Versorgungsschwierigkeiten in Süddeutschland und an der Westfront, da die Eisenbahn die Schiffstransporte nicht übernehmen konnte.

Das Binger Loch, der wohl gefürchteste Platz der Schiffahrtstreibenden damaliger Zeit am ganzen Rhein. Das Binger Loch war bis zuletzt bei den Schiffsführern von Schleppkähnen gefürchtet und alle Besatzungsmitglieder hatten bei der Passage im Steuerhaus zu sein. Für die Motorschlepper war die Passage leichter, vorausgesetzt, man hatte genügend Motorleistung, da man sonst ein Vorspannboot nehmen mußte. Der Mäuseturm war zugleich eine Warschaustation für die Rheinschiffahrt. Im Hintergrund ist die Burgruine Ehrenfels zu sehen.

Köln-Düsseldorfer Rheindampfschiffahrt

Im Jahre 1926 kann die Köln-Düsseldorfer Rheindampfschiffahrt als älteste deutsche und führende Schiffahrtsgesellschaft für Personen- und Güterbeförderung auf dem Rhein zwischen Mannheim und Rotterdam auf ein hundertjähriges Bestehen zurückblicken. Am 11. Juni 1826 erhielt die Preußisch-Rheinische Dampfschiffahrts-Gesellschaft zu Köln die königliche Bestätigung und Urkunde. Dieses Datum wird also mit Recht als Geburtstag der deutschen Rheindampfschiffahrt angesehen und gefeiert werden können, wenn auch die Gründungsverhandlungen unter Führung der Kölner Handelskammer bis in das Jahr 1824 zurückgehen. Rund zehn Jahre später erfolgte die Gründung der Dampfschiffahrts-Gesellschaft für den Nieder- und Mittelrhein zu Düsseldorf. Bald setzte zwischen beiden Unternehmen ein scharfer Wettbewerb ein, der beiden wenig Nutzen brachte. Die beiden Gesellschaften schlossen sich deshalb 1853 zu einer Interessen- und Betriebsgemeinschaft zusammen, die nunmehr also über 70 Jahre besteht und unter dem Namen „Köln-Düsseldorfer Rheindampfschiffahrt" Weltruf erlangt hat.

Die Flotte besteht aus folgenden Fahrzeugen:

Expreßschiffe:
Kaiser Wilhelm II. / Blücher

Schnellschiffe:
Bismarck / Barbarossa

Doppeldeckschiffe:
Hindenburg / Goethe / Kronprinzessin Cecilie
Ernst Ludwig / Rheingold / Stadt Düsseldorf / Kaiserin Friedrich / Elsa
Lohengrin / Overstolz / Frauenlob / Niederwald / Drachenfels

Halbdeckschiffe:
Schiller / Elberfeld / Stolzenfels
Neptun / Rheinstein / Deutschland / Undine / Arnold Walpod

Glattdeckschiffe:
Moltke / Frhr. v. Stein

Je ein neues Schnell- und Personenschiff wird im Frühjahr 1926 in Dienst gestellt. / Alle Schiffe haben an Bord vorzügliche Küche und beste Weine eigner Kellereien.

Der im Eigentum der PRDG stehende Raddampfer „Goethe", der 1913 auf der Schiffswerft Gebr. Sachsenberg in Köln-Deutz erbaut wurde. Der als Salonboot gebaute Dampfer war 83 m lang, hatte eine Breite von 8,25 m und einen Tiefgang von 1,05 m. Die 2-Zylinder-Heißdampfmaschine mit Ventilsteuerung hatte 750 PS. 2500 Personen fanden auf dem Dampfer „Goethe" platz. Am 3. März 1945 wurde er während eines Bombenangriffs in Oberwinter durch Volltreffer versenkt. Das gesamte Hinterschiff war zerstört, das Vorderschiff war an der Galerie gebrochen. Ab 1952, nach umfangreichen Restaurationsarbeiten bei der Schiffswerft Chr. Ruthof in Mainz wurde er wieder in Dienst gestellt.

Die aus dem Jahre 1934 stammende Luftaufnahme zeigt Erbach am Rhein. Im Vordergrund ein Schleppzug der Harpener Bergbau AG, der den Rheingau bergwärtsfahrend bewältigt.

Die Schleppzüge hinter den Raddampfern waren teilweise über einen Kilometer lang, was das Betreiben der Schiffahrt nahezu zu einem Kunstwerk machte.

In der Höhe von Eltville fährt ein Güterboot der Rhenus Transport Gesellschaft mit Deckslast zu berg. Die „Rhenus" wurde 1912 von der Badischen AG für Rheinschiffahrt und Seetransport (BAG) und der Rheinschiffahrts AG, vormals Fendel (RAG) gegründet. Durch Sicherung der Aktienmajorität des Lloyd's Rhenan in Antwerpen und aus der Konkursmasse des William Egan & Cie konnte Rhenus schnelle Güterschiffe für den Verkehr mit den Seehäfen einsetzen.

Der Blick von der Terrasse des Hotels Nassau in Biberich gibt den Blick frei auf den anlegenden Güterdampfer „Parsifal". Dieser übernahm in Biberich Faßgut für die Talfahrt. Die Ansicht stammt aus dem Jahre 1903.

Die Dampfschiffahrt war den alten Schiffahrtstreibenden von Anfang an unsympathisch. Im März 1848 kam es zu Unruhen, und Schleppboote wurden von aufgeregten Volksmassen zur Umkehr gezwungen. Am Mittelrhein wurden sie auch von Kanonen bedroht, ja sogar beschossen. Gefordert wurde das ewige Abschaffen aller Aktiengesellschaften, das Verbot aller eisernen Kähne für den Gütertransport auf Dampfschiffen und die Verstaatlichung aller Dampfer, die nur verwendet werden sollten, wenn die Leinpfade überschwemmt oder Mangel an Pferden bestand. Auch sollte den Bergwerksgesellschaften nicht erlaubt sein, Kohle und Erz selbst zu verfrachten.

Es war offensichtlich schon immer etwas schwierig, Novitäten im Bereich der Binnenschiffahrt einzuführen.

Wohl eine der ältesten Aufnahmen eines Raddampfers ist die des „Rhenus III" auf der Mainzer Reede. Das Bild stammt aus dem Jahre 1885. Der Raddampfer ist zum Teil noch aus Holz gebaut und verfügt über keine Deckswohnung.

Die Abbildung zeigt den Raddampfer „H. Paul Disch I", ex „Waldemar". Ab 1927 fuhr der Raddampfer unter dem Namen „Rijn Zeevaart I". Der Dampfer wurde 1888 in Stettin gebaut. Er hatte 1100 PS und war bis 1945 in Fahrt. Schon als „Waldemar" hatte er bei Rheinschiffern einen legendären Ruf aufgrund seiner starken Maschinenleistung und seiner damit verbundenen guten Zugleistung. Interessant an diesem Oldtimer ist, daß er den Steuerstand nicht mittschiffs, sondern auf der Backbordseite hatte. 1927 wurde der Dampfer von der Firma Raab Karcher übernommen und fuhr unter holländischer Flagge weiter.

Franz Bohne Nachf., Mainz
Rheinstrasse 67   Telephon 2338
gegenüber der Stadthalle   Telegr.-Adr.: Bohne Nachf. Mainz

Schiffs-Ausrüstungsgeschäft.

Sämtliche Schiffsartikel:
Ia. Hanf- und Stahldrahtseile in allen Dimensionen vorrätig.
Farben, Teer, Pech usw., Oele aller Art, Pinsel, Bürstenwaren.

Segelmacherei mit elektr. Betrieb.   Taucherei.

Uebernahme vollständiger Schiffs-Ausrüstungen, Fischereigeräte, wasserdichte Anzüge, technische Maschinenartikel.

Dampfkessel-Armaturen.   Bootsmotore.

Fachmännische Bedienung!

Georg Winschermann
Gustavsburg **Mainz** Kastel

Telegr.-Adr.: Georg Winschermann, Mainz.
Telefon: Nr. 505 und 698 Amt Mainz.
Für Gustavsburg Nr. 4273 Amt Mainz

**Reederei :-: Schleppagenturen :-: Schiffsbefrachtung
Reederei - Vertretungen
Assekuranz :-: Kommission :-: Schiffsabfertigung
Spedition :-: Umschlag :-: Lagerung**

Uebernahme von Transporten nach allen Rhein- u. Kanalstationen.
— Vertreter der Deutschen Schiffskreditbank. —

Ia. Schiffsketten

in geprüfter Ausführung v. 2 bis 60 mm
Eisenstärke aus erstklassigem Material

Süddeutsche Kettenfabrik G.m.b.H.

Mainz-Kostheim :: Bahnstation Mainz-Kastel

Telefon: Amt Mainz 2109   Tel. Adr.: Kettenfabrik Kostheim

Seilerwaren, Schiffs- u. Fischereigeräte aller Art.

Reichhaltiges Lager.

A. Mach (A. Diemer), **Mainz,** Seilerei, Seilergasse 6

Fernsprecher 2646.   Postscheckkonto 6674 Frankfurt a. M.

MAINZ
Blick von der Straßenbrücke

Auf der Abbildung oben zeigen sich 2 Schleppkähne, mit Mast und Spriet ausgerüstet, beim Löschen von Stückgut.

Die Aufnahme zeigt eine Ansicht aus dem Jahre 1910 mit einem Blick von der Straßenbrücke hinab auf die Mainzer Rheinreede. Im Vordergrund sind die Schuppen der Rhein- und See-Schiffahrts-Gesellschaft (Fendel) zu sehen. Es wird gerade Faßgut verladen. Die Fässer wurden mit Mast und Spriet vom Schiffahrtspersonal selbst verladen.

Die Abbildung zeigt, mit welch langen Rudern die Raddampfer ausgerüstet waren. Die langen Ruder waren auf Raddampfern sehr wichtig, da kein Schraubenschlag das Steuern unterstützen konnte und die Boote auf der Talfahrt, ohne aufzudrehen, an den Steigern anlegten. Durch die langen Ruderblätter ergab sich eine Stützwirkung.

Die Dampfschiffe bedienten ursprünglich den gesamten Reiseverkehr am Rhein und zwar auch im Winter, soweit dies nautisch möglich war. Durch den 1844 einsetzenden Ausbau der Eisenbahnen an verschiedenen Rheinstrecken verlagerte sich der Geschäfts- und Reiseverkehr mehr und mehr auf die Bahn.

Eine Ansicht des Raddampfers „Harpen XI" ex „Karlsruhe III", und auch unter dem Namen „Köln I" bekannt. Der Dampfer verfügte über eine 800 PS starke Maschine. Dieses Räderboot wurde ebenfalls mit liegendem Haspel gesteuert und hatte keine Wohnungen über Deck. Der Dampfer wurde 1874 bei Jakobi, Haniel und Huyssen gebaut. Er war 68,60 m lang, 7,60 m ohne Radkasten breit und verfügte über einen Tiefgang von 1,54 m. 1912 wurde er verschrottet.

Die alten Dampfer hatten wegen der Rauchentwicklung und wegen des Rauchabzuges sehr hohe Kamine.
Die Personendampfer hatten immer einen weißen Anstrich, nur von einem blau-grauen Anstrich von 1941–1945 unterbrochen. Dieses hatte jedoch andere Gründe!

Seit dem 1. Mai 1827 wurde Mainz regelmäßig von Booten der PRDG angelaufen. Der erste PRDG-Dampfer, die „Concordia", kostete damals 94 000 Gulden.

Passagierschiffe hatten immer schon eine große Besatzung. Der Dampfer „De Zeeuw" beispielsweise hatte 1824 nachstehend aufgeführtes Personal: 1 erster Kapitän, 1 zweiter Kapitän, 2 Maschinenmeister, 2 Steuermänner, 2 Stocher (Heizer), 3 Matrosen, 1 Schiffbauer, 1 Hausmeister, 2 Kondukteure, 1 Schiffsjunge, 3 Kellner, 2 Köche und 1 Magd.

Ein Glattdeckboot der NSM übernimmt bei der Rhein-See-Schiffahrtsgesellschaft, später Firma Fendel-Rhenus, Ladung. Die Nederlandsche Stoomboot Maatschappij war Rechtsnachfolger der Firma Vollenhoven, Dutihl & Cie in Rotterdam.

Diese Ansicht zeigt 2 Lokalboote der Firma Thomae Stenz & van Meeteren. Die Boote fuhren nach Frankfurt, Nierstein, Kastel und Biberich. Bemerkenswert ist, daß auf den Booten auch mitgebrachter Kaffee und Kuchen verzehrt werden durften.

Die Aufnahme zeigt die Stadthalle von Mainz mit der neuen Terrasse. Auf dem Bild liegen einige Schlepper am Steiger, die auf den Schleppschein, den Auftrag, warten. Es handelt sich möglicherweise um Boote, die auf dem Main schleppten und Hafendienst in Mainz durchführten. Möglicherweise aber auch um solche, die Flöße von Mainz zu tal schleppten.

Unmittelbar am Steiger der Köln-Düsseldorfer Rheindampfschiffahrts-Gesellschaft, an dem ein Raddampfer angelegt hat, sieht man ein Wäscheschiff, auf welchem die Mainzer Hausfrauen mit der Reinigung der Kleidungsstücke beschäftigt sind. Eine Gegebenheit, die sich am Rhein in dieser Weise wohl nie mehr wiederholen wird.

Die Aufnahme zeigt den talwärtsfahrenden Raddampfer „Mathias Stinnes III". Der Dampfer wurde 1867 in Feyenoord gebaut und hatte 15 Mann Besatzung an Bord. Wie man deutlich erkennen kann, hatte auch „Mathias Stinnes III" im Jahre 1906 noch kein Steuerhaus. Den liegenden Haspel mußten mehrere Mann bedienen, um ein Wendemanöver auf dem Rhein durchzuführen. Die Persenning über dem Steuerhaus ist aufgerollt, um sie zu schonen. Sie wurde nur bei starkem Regen oder Schneefall benutzt. Die damals vorhandene Technik machte es zu einer Kunst, diese Art Schiffe zu beherrschen. Wer würde sich das heute noch zutrauen ohne hydraulische Ruderanlage!? Der Dampfer ist 1918 in Homberg gesunken.

Mathias Stinnes, der sich selbst vom einfachen Matrosen zum großen Reeder emporgeschwungen hatte, war der Organisator des Kohlenhandels. Die Behörden hatten ihm sogar das Recht verliehen, am Stapel in Köln und Mainz vorbeizufahren.

An den Steigern der Köln-Düsseldorfer warten einige Passagierdampfer auf die Fahrgäste. Die obere Aufnahme stammt aus dem Jahre 1938.

Schon die ersten Rheindampfer waren bekannt für ihre gute Küche und den „guten Keller". Auch der Service an Bord galt als ausgezeichnet.

Der Köln-Düsseldorfer Dampfer „Mainz" talwärtsfahrend vor dem kurfürstlichen Schloß der Christuskirche in Mainz. Der Raddampfer „Mainz" stand im Eigentum der DGNM und ist im Jahre 1929 in Mainz-Kastel bei der Schiffswerft Chr. Ruthof gebaut worden. Die 2-Zylinder Heißdampfmaschine mit Ventilsteuerung entwickelte eine Leistung von 900 PS. Der Dampfer war 83,6 m lang, 8,70 m breit und hatte einen Tiefgang von 1,01 m. 2680 Personen konnten bei voller Auslastung befördert werden. Die Kriegswirren überstand der Dampfer „Mainz" im Gegensatz zu zahlreichen anderen Dampfern relativ unbeschadet im Altrhein bei Stockstadt. Trotz zahlreicher Maschinengewehreinschüsse blieb er fahrfähig. Nach dem Krieg wurden die notwendigen Reparaturen in den firmeneigenen Werkstätten in Düsseldorf und Köln durchgeführt.

Die Totalansicht der Mainzer Reede zeigt den Teil eines bergwärtsfahrenden Schleppzuges. Der Schleppkahn, der im Vordergrund abgebildet ist, hat hohe Deckslast. Deutlich sind auch die umgelegten Masten zu erkennen.

In diesen noch betriebsratlosen Zeiten mußte der Schiffsführer achtern im Steuerhaus stehen, ohne gegen Wind und Wetter durch einen Steuerhausaufbau geschützt zu sein. Das Steuerhaus war vollkommen frei, was wohl speziell im Winter für die Besatzung nicht gerade ein reines Vergnügen war. Im Hintergrund zeigen die Aufnahmen zwei Personenraddampfer der Köln-Düsseldorfer sowie einige Dampfschleppboote.

Während sich die PRDG und DGNM von Anfang an auf Reisende und nach Einführung der Eisenbahn auf Touristen und Ausflugsverkehr einstellten, hatte sich die holländische NSM auf den Eilgüterdienst von Holland zum Oberrhein spezialisiert.

Auf der oberen Ansicht sieht man Raddampfer, die mit einem Sonnensegel ausgerüstet wurden, um die Gäste vor unerwünschten Sonnenstrahlen zu schützen.

Die untere Abbildung zeigt einen Dampfer der Köln-Düsseldorfer vor Mainz. 1936 kostete die Fahrt von Köln nach Mainz und zurück auf einem Personenraddampfer 12,00 RM und für die Schnellfahrt mußten 20,40 RM berappt werden. Die Preise änderten sich bis 1944 nicht.

Ein Talzug passiert die Mainmündung. Im Vordergrund ein Blick auf die Landzunge „Mainspitze". Der Talzug passiert die Kilometrierung 329,7, gemessen nach der hessischen Kilometereinteilung.

Der Rhein ist seit dem Jahre 1863 kilometriert. Dies wurde aber erst seit dem 1. April 1939 einheitlich durchgeführt. Bis dahin gab es die badische Kilometereinteilung, die an der badisch-schweizerischen Grenze begann. Die bayerische Kilometereinteilung, die darüber hinaus existierte, begann an der französisch-bayerischen (pfälzischen) Grenze. Die hessische Kilometrierung hatte ihren Anfang an der mittleren Brücke in Basel. Die preußische Kilometereinteilung begann an der preußisch-hessischen Grenze. Diese Vielfalt der Anfangspunkte war natürlich nicht ideal. Auf Anregung der badischen Ministerialverwaltung für Wasser- und Straßenbau konnte sich dann die jetzige Kilometrierung durchsetzen. Der Nullpunkt wurde wegen der geplanten Hochrheinkanalisierung von Basel an die alte Brücke in Konstanz verlegt.

Der Zollhafen in Mainz. 1887 wurde der Mainzer Zollhafen dem Verkehr übergeben, mit einer Länge von 750 m und einer Breite von 130–160 m. Im Bild ist das Zollgebäude zu erkennen.

Auch auf dem Main wurde bereits sehr früh Schiffahrt betrieben. Diese aus dem Jahre 1906 stammende Aufnahme zeigt am Eisernen Steg in Frankfurt das hölzerne Schiff „Merkur" mit einer Holzladung.

Der Schleppkahn „Liselotte" auf seiner Rückreise von Frankfurt am Main nach Köln.

Bereits aus neuerer Zeit, nämlich aus dem Jahre 1931, stammt die Aufnahme des Motorschleppers „Oppau" der Firma Fendel mit Anhang beim Ablegen in Mainz. Der Schlepper verfügte über eine Maschinenleistung von 200 PS und hatte eine Länge von 19,85 m, eine Breite von 4,90 m und einen Tiefgang von 1,85 m.

Die zweite Aufnahme zeigt ein Wäscheschiff, welches ebenfalls in Mainz beheimatet war.

Hier in Mainz wurden auch die Flöße nach Holland zusammengestellt. Sie waren in der Regel bis zu 60 m breit und 210 m lang.

Christof Ruthof
Schiffswerften und Maschinenfabrik
Mainz-Kastel (Rhein)
Regensburg (Donau)

Seitenrad- und Schraubendampfer
Motorschiffe, Schleppkähne und Tankschiffe

Schlepptrosswinden, Trossklemmen
Schiffs-Hilfswinden

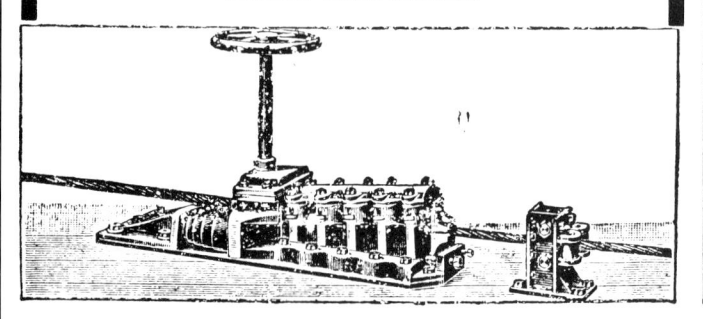

Schiffskessel, 250 qm Heizfläche, 13½ Atm., Rheindampfer Fendel XII.
Rheinschiffahrts A.-G. vorm. Fendel, Mannheim.

Maschinenfabrik Augsburg-Nürnberg A.-G.
Werk Gustavsburg.

Abteilung: Dampfkesselbau.

Spezialität: Schiffskessel jeder Grösse.

Landkessel, Zweiflammrohrkessel,
Kombinierte Kessel, Batteriekessel,
Wasserrohrkessel, Behälter usw.
— Hydraulische Nietung. —

Schweissarbeiten aller Art,
Wassergas-, autogene u. elektrische Schweissung.

Verstemmen durch Pressluft-Werkzeuge.
Spezialmaschinen für alle Arbeitsvorgänge.

Handels- und Speditions-Gesellschaft
ADOLF WACHTER
m. b. H.
Kastel — Mainz — Gustavsburg.

Telefon 508 und 997.   Telegramm-Adresse: „Haspeg".
Büros: Diehter von Isenburgstr. 1¹/₁₀. Ernst Ludwigstr. 2.

Spedition - Schiffahrt - Lagerung. - Umschlag
v. Massengütern - Massentransporte - Verzollungen - Verteilung v. Wagenladungen. - Import - Export - Kommission. - Versicherungen.

Louis Hillebrand
Mainz

Fernspr.: 3985, 3986, 3987, 3988, 4147.
Hauptbüro: Frauenlobstrasse 14³/₁₀.
Bahnbüro: Im Hauptgüterbahnhof.
Werftbüro: Rheinufer 44 (Halle 7)

**Spedition : Sammelverkehre : Reederei
Assekuranz : Zollabfertigung : Möbeltransport**

Grösste eigene Lagerhäuser u. Kellereien in Mainz.
Besondere Einrichtungen zur Lagerung von Wein, Lebensmitteln, Textilwaren u. sonst. wertvollen Erzeugnissen. Lagerung feuergefährlicher Güter wie Benzin, Petroleum, Sprit, Salpeter, Karbid, Zündhölzer usw.

Grösstes Speditionsfuhrwesen am Platze. (Pferde- und Lastautobetrieb)
Werft- und Verladehallen mit Anschlussgleisen im Hafengebiet.
Filialen: Biebrich a. Rh. Gustavsburg, Kastel, Hochheim a M., Wiesbaden, Frankfurt a. M.

Schiffswerft und Maschinenfabrik
Mainz-Gustavsburg, G. m. b. H.
GUSTAVSBURG

Fernruf: Amt Mainz Nr. 432.   Telegramme: Rheinmainwerft Gustavsburg.

Bau und Reparatur
von Schlepp- und Passagierbooten,
Schlepp- und Motorkähnen,
Schwimmbaggern und sonst. Flussfahrzeugen.

Schiffsmaschinen, Winden.
Eisen-Konstruktionen.   Fabrik-Einrichtungen.
Hellingen von Flußfahrzeugen aller Art.
Schraubenwechsel.

Georg Reitz, G. m. b. H, Mainz
Fernruf: 178.   Telegramme: Reitz, Petersstrasse.

Rhederei und Kohlengrosshandlung.
Vertreter in Ruhrort:
Ernst Müller, Ruhrort, Harmoniestrasse.
Fernruf: Duisburg Nord 6285.
Telegramme: Ernst Müller, Ruhrort.

Ein Veteran hat den Hafen Gernsheim angelaufen. Es handelt sich hierbei um einen Dampfschraubenschlepper. Der Schlepper hat direkt vor der Orderstation und Wirtschaft „Andres", die nicht mehr im Bild ist, festgemacht.

Schwierigkeiten bereiteten der Schleppschiffahrt die überall vorhandenen Schiffsmühlen. In der revidierten Rheinschiffahrtsakte (Mannheimer Akte) von 1868 wurde die Neuerstellung von Schiffsmühlen untersagt. Aber erst 1926 wurde die letzte Schiffsmühle in Ginsheim außer Dienst gestellt. Grund der Schwierigkeiten für die Schleppschiffahrt waren die Verankerungen der Schiffsmühlen, da diese große Teile des Fahrwassers beanspruchten.

Die Postkarte zeigt den Hafen von Worms mit dem Schleppkahn „Harpen 41", ex „Ruhrort Nr. 8". Der Schleppkahn wurde im Jahre 1886 erbaut. Ebenfalls auf dieser Ansicht zu sehen ist der Schleppkahn „Harpen 44", ex „Ruhrort Nr. 11", dessen Baujahr mit 1885 anzugeben ist. Die beiden Fahrzeuge gehörten seinerzeit der Harpener Bergbau AG, Abt. Binnenschiffahrt, in Mülheim a. d. Ruhr.

Es sollte hinzugefügt werden, daß die Harpener Bergbau AG im Jahre 1914 75 Schleppkähne besaß.

Die untere Abbildung aus dem Jahre 1933 gibt einen schönen Ausblick vom Brückenturm hinab auf das Wormser Ufer mit der Badeanstalt sowie den Personenraddampfer. Im Hintergrund ist der Wormser Dom zu sehen.

Im Vordergrund des Wormser Hafens ist ein Schleppkahn der Firma Haniel zu sehen. Bis 1890 erfolgte in Worms der Umschlag nur auf dem Rhein.

Haniel besaß 1914 7 Raddampfer und 8 Schraubenschlepper sowie 55 eiserne Kähne zwischen 390 bis hin zu 2098 Tonnen Tragfähigkeit.

Rheinhafen Worms
einer der gelegensten Umschlagplätze für Sendungen von und nach Südwestdeutschland und Lothringen.
Direkte Eisenbahn-Anschlüsse
von der Tarifstation Wormshafen nach Rheinhessen, der Bergstrasse, dem Saargebiet, der Pfalz und Lothringen.
Städtische Hafenbahn
mit einem etwa 35 km langen Gleisnetz zur Verbindung der angeschlossenen Fabriken an den Hafen und die Staatsbahn.
Modernste Lade-Einrichtungen.
Grosser Getreidespeicher.
Billige Fabrikbauplätze im Hafengebiet
mit und ohne Ladeufer, Gleisanschluss
Lagerplätze
für Massengüter aller Art.
Keine Werftgebühren.
Der Hafen liegt in nächster Nähe der Stadt (zirka 50 000 Einwohner). Elektrische und Gas-, Kraft- und Beleuchtungsanlagen sowie elektrische Strassenbahn sind vorhanden.
Nähere Auskunft erteilt:
Städtische Hafendirektion Worms
Fernsprecher Nummer 24 und 63.

van Baerle & Co., Worms
gegr. 1838
liefern **bunte und weisse Putzwolle,**
Putztücher, Putzlappen
Filtrierwolle für Oelfilter.
Parkettbodenwolle.

Keller & Stockhausen, Worms a. Rh.
Fernruf: 9. — Drahtaufschrift: Keller Stockhausen.
Spedition, Schiffahrt, Lagerung, Versicherung.
Vertreter der
Niederländischen Dampfschiff-Reederei, Rotterdam — Rhein- und Seeschiffahrts-Gesellschaft, Köln — Mannheimer Lagerhaus-Gesellschaft, Mannheim — Dampfschiffahrts-Gesellschaft „Neptun", Bremen — Mannheimer Dampfschleppschiffahrts-Gesellschaft, Mannheim — Holland-Amerika-Linie, Rotterdam.

Im Hintergrund sieht man die Frankenthaler Autobahnbrücke, die während des Baus im Krieg eingestürzt war, so daß die Schiffahrt nur einschiffig möglich war. Die Abbildung zeigt deutlich den abgeknickten Teil der Brücke. Rechts im Bild der Raddampfer „Baden VII" der Firma Fendel.

Die Pfälzischen Mühlenwerke im Industriehafen Mannheim wurden 1906 erbaut. Das davor liegende Schleppschiff löscht Getreide für die Mehlherstellung.

Schleppkähne diesen Typs waren bis Ende der 20er Jahre das Rückgrad der Rheinschiffahrt für Massentransporte.

Der Industriehafen Mannheim umfaßt die alte Mündung des Neckars in den Rhein. Der Industriehafen wurde von 1897 bis 1903 erbaut. Links im Bild sind einige Flöße, die an den Dalben festgemacht sind, zu erkennen.

Bergung eines Hindernisses durch die großherzoglich-badische-Flußbauinspection im Handbetrieb mit Mast und Spriet.

Hafenerweiterungsarbeiten durch einen Eimerkettennaßbagger mit Dampfbetrieb.

Im Binnenhafen von Mannheim ist der Schlepper „Landwirth" anläßlich seiner Probefahrt zu sehen, die 1897 stattgefunden hat. Er wurde auf der Mannheimer Schiffswerft gebaut, war 15 m lang, 3,50 m breit und hatte 50 PS. Eigentümer war der aus Eltville stammende Schiffsführer Acker.

Die Mannheimer Schiffswerft war führend im Bau von Baggermaschinen. Der für die Firma Holzmann in Frankfurt gebaute Bagger „Elephant" ist auf dieser Abbildung mit einer Flußverbreiterung mit anschließender Landaufschüttung beschäftigt.

Der Schraubenschlepper „Falke" von der Mannheimer Lagerhaus Gesellschaft fährt mit 4 Kähnen an der Neckarspitze zu Tal.

Der alte Dampferliegeplatz zwischen Salzkai und der heutigen Kurpfalzbrücke war auch oft von ausländischen Booten belegt. Der Liegeplatz ist heute noch sehr beliebt aufgrund seiner Nähe zum Stadtzentrum.

Das Güterboot „Jupiter" mit einer Länge von 67 m, einer Breite von 9 m und einem Tiefgang von 2,30 m. Die Tragfähigkeit betrug 695,5 Tonnen. Das Boot wurde 1924 auf der Werft GHH in Walsum gebaut. Die Ansicht zeigt das Schiff im Neckar liegend. Im Jahre 1946 kam das Boot, obwohl nicht zum Massentransport geeignet, mit einer der ersten Brikettladungen nach dem Kriege nach Mannheim.

Das Hafenboot „Jupiter", von der Reederei Kühnle, ist 1929 als Eisbrecher auf dem Neckar eingesetzt worden.

Die Aufnahme, die nach 1945 entstanden ist, zeigt regen Verkehr am Salzkai in Mannheim. Auf der Neckarwiese liegen Wrackteile von Schiffen, die im Neckar gesunken waren. Am Salzkai wurde früher das von Heilbronn über den Neckar verschiffte Salz in Rheinschiffe umgeschlagen.

Ein Kettenschleppzug unterhalb der heutigen Kurpfalzbrücke. Neben dem Schleppzug ein Floß und am Ufer einige Schleppkähne.

Mannheim ohne den Neckar wäre nur die Hälfte wert. Die Aufnahme zeigt den Luftkurort Neckargemünd. Im Vordergrund ein Schleppzug mit einem Kettenboot als Veranschaulichung, wie vor 100 Jahren auf dem Neckar zu berg geschleppt wurde. Die Schleppkähne hängen kurz hintereinander und zum Teil längsseits.

Schleuse Feudenheim und die Riedbahnbrücke im Winter.

Die letzten Dampfkrane in Mannheim standen auf dem Salzkai, bis sie nach 1945 von leistungsfähigeren Elektrokranen ersetzt wurden.

Bayerische Transportgesellschaft
vormals **Theod. Fügen**, G. m. b. H.
SPEDITION ∞ SCHIFFAHRT ∞ LAGERUNG
INTERNATIONALE TRANSPORTE

Telefon 2005/2008 **Ludwigshafen a. Rh.** Drahtanschrift: Bavaria

Kehl i. B. — Rotterdam — Antwerpen — Mannheim

Nach 1945 waren der Rhein und die Häfen übersät mit gesunkenen Schiffen. Sie wurden von Reedereien, Privateigentümern und dem Wasser- und Schiffahrtsamt gehoben.

Die Abbildung zeigt, wie durch zwei Hebeböcke das Vorschiff eines Schleppkahnes gehoben wird.

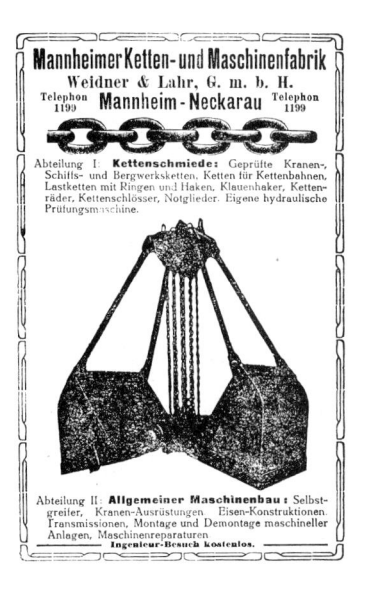

Mannheimer Ketten- und Maschinenfabrik
Weidner & Lahr, G. m. b. H.
Telephon 1199 **Mannheim-Neckarau** Telephon 1199

Abteilung I: **Kettenschmiede**: Geprüfte Kranen-, Schiffs- und Bergwerksketten, Ketten für Kettenbahnen, Lastketten mit Ringen und Haken, Klauenhaker, Kettenräder, Kettenschlösser, Notglieder. Eigene hydraulische Prüfungsmaschine.

Abteilung II: **Allgemeiner Maschinenbau**: Selbstgreifer, Kranen-Ausrüstungen, Eisen-Konstruktionen. Transmissionen, Montage und Demontage maschineller Anlagen, Maschinenreparaturen.
Ingenieur-Besuch kostenlos.

---

de Gruyter & Co
G. m. b. H.

Kohlengroßhandlung und Reederei

Duisburg

Zweigniederlassung: Mannheim

Kipper-Betrieb und Bootekohlenmagazin
im Ruhrorter Hafen

Dampfkrane u. Siebewerke
in Mannheim

Rheinschiffahrt-Aktiengesellschaft vorm **Fendel**

Mannheim Duisburg-Ruhrort Rotterdam
Telephon: 6850-55 Duisburg-Nord 6022.23 66-01
Tochtergesellschaft

Regelmässiger Schiffsverkehr
von / nach
Rotterdam, Amsterdam, Antwerpen, Ruhrort, Düsseldorf, Köln | Mannheim, Ludwigshafen, Karlsruhe, Kehl, Strassburg, Basel
und umgekehrt.

Spedition **Lagerung**
Durchfrachtenverkehr

Niederlassungen und Vertretungen in:
Basel, Kehl, Karlsruhe, Ludwigshafen, Mainz-Gustavsburg, Frankfurt a. M., Köln, Düsseldorf, Amsterdam, Hamburg, Berlin, München.

Rhenus Transport-Gesellschaft m. b. H.

Eilgüterdienst von Basel — Strassburg-Karlsruhe-Mannheim-Frankfurt a. M. nach sämtlichen Mittelrheinstationen, Rotterdam, Amsterdam und Antwerpen und umgekehrt.

Eigene Niederlassungen: Basel, Kehl, Mannheim, Frankfurt a. M., Mainz, Köln, Düsseldorf, Rotterdam.

Agenturen: An allen übrigen Rheinstationen.

Telegramm-Adresse für Köln und Düsseldorf: „Eildienst" für alle übrigen Plätze: „Rhenus".

Wir vertreten in Frankfurt a. Main, Düsseldorf, Köln, Mainz und Basel die Rheinschiffahrt-Aktien-Gesellschaft vorm. Fendel und die Badische Aktien-Gesellschaft für Rheinschiffahrt und Seetransport, Mannheim.

Die Aufnahmen zeigen den Verbindungskanal mit Blick zum Neckar und den Industriehafen. Es sind deutlich die vier Drehbrücken, die Floßschleuse und die alte Jungbuschbrücke zu erkennen. Links vom Verbindungskanal zeigt sich das alte Hafengebiet. Rechts davon der Jungbusch, das Vergnügungsviertel der Schiffahrtstreibenden.

Wo heute der Schwerlastkran „Goliath" steht, war bis 1946 die Einfahrt des Hafenkanals Mannheim, der den Rhein mit dem Mühlauhafen verbunden hat. Der Kanal wurde mit Trümmerschutt von der Innenstadt nach 1945 aufgefüllt.

Im Mannheimer Verbindungskanal löscht der Schleppkahn „Vereinigung 11" Getreide. Er wurde 1888 in Mannheim gebaut und hatte 388 Tonnen Tragfähigkeit.

Die Kauffmannsmühle wurde 1883 am Verbindungskanal angesiedelt.

An der Schiffswerft in Mannheim liegt der havarierte Schleppkahn „Vereinigung 19". Links im Bild die alte Drehbrücke zum Neckar.

Der Raddampfer „Ludwigshafen" ex „Bavaria" passiert die Rheinbrücke mit umgelegten Kaminen. Er wurde 1897 in Elbing/Ostpreußen gebaut und hatte 1000 PS. Die Länge betrug 68 m, die Breite 17,50 m und der Tiefgang lag bei 1,35 m. Eigentümer war die Mannheimer Lagerhaus Gesellschaft/Fendel. 1945 versenkte er sich selbst in Porz, wurde nach dem Kriege gehoben und war bis 1954 in Fahrt. Der Dampfer war an den beiden hinter dem Steuerhaus stehenden Kaminen schon von weitem gut zu erkennen.

An der Schiffswerft Mannheim liegt das Kasko eines Kettenschleppers. Dahinter ist die Kauffmannsmühle zu erkennen. Im Vordergrund liegt ein Schleppkahn der Firma Stöck und Fischer.
Bis um 1900 war Mannheim der Endpunkt der Rheinschiffahrt. Vorwiegend im Industriehafen hat sich der Getreidehandel große Lagerhäuser und Silos geschaffen. Diese Konzentration fand sich an keiner anderen Stelle am Rhein. Von hier aus wurden Süddeutschland, das Elsaß, die Schweiz und Österreich versorgt. Bei guter Wasserführung des Rhein wurden auch die Kohlenlager vorwiegend in Rheinau gefüllt, mit denen der süddeutsche Raum und die Schweiz versorgt wurden.

Das Westufer des Mühlauhafens ist hier noch nicht erschlossen. Die Aufnahme stammt etwa aus dem Jahre 1900. Zwischen dem Rhein und dem Mühlauhafen waren Gärten und Spazierwege angelegt. Das Mühlauschlößchen war noch nicht abgerissen und somit Sonntagsziel der Mannheimer Bürger.

Die Fotos zeigen das Südende des Mühlauhafens, auf dem unteren Bild mit einigen Booten großherzoglich-badischen Flußbauinspection und dem Verwaltungsgebäude und Lagerhaus der Mannheimer Lagerhaus Gesellschaft.

Die Mannheimer Lagerhaus Gesellschaft wurde 1864 gegründet und besaß 1921 nach Reparationsleistungen an Frankreich noch 3 Raddampfer, 9 Doppelschraubengüterboote, 4 Schraubenboote und 38 Schleppkähne.

Die Abbildungen zeigen den Mühlauhafen. Auf dem oberen Foto ist die alte, nach 1945 zugeschüttete Mühlauschleuse mit der Pegeluhr zu erkennen. Am Rheinkai stehen die Lagerhäuser Block 1 und 2.

Gedenktafel im Mühlauhafen Mannheim.

Die untere Abbildung zeigt die alte Dreh- und Eisenbahnbrücke und im Hintergrund die Rheinbrücke. Auf der rechten Seite der inzwischen zugeschüttete Hafenkanal, links der alte Zollhafen mit Güterbooten.

Ein Blick auf den Fahrzeugpark der Mannheimer Lagerhaus Gesellschaft im Mühlauhafen. Die Lagerhäuser der Ostseite des Mühlauhafens wurden 1944 zerstört. Hier und an der Rheinkai wurden auch die von Antwerpen und Rotterdam kommenden Eilgüterboote, die in der Regel hochwertige Lebensmittel und andere Güter geladen hatten, in die Speicher gelöscht.

Diese Ansicht stammt vermutlich aus dem Jahre 1905.

Die Abbildung zeigt den Raddampfer „Mannheim V". Eigentümer war die Mannheimer Dampfschleppschiffahrts Gesellschaft (Mannschlepp). Der Dampfer hatte 650 PS und wurde 1876 auf der GHH-Werft in Ruhrort gebaut. Er war bis 1904 als Schlepper in Fahrt und wurde in den Schleppkahn „Rijn-Zeevaart VIII" umgebaut. 1945 wurde der Schleppkahn dann versenkt.

Der Doppelschraubenschlepper „Badenia XV" wurde 1908 für die Mannheimer Lagerhaus Gesellschaft in Elbing gebaut. Später hieß der Schlepper „Worms". Er hatte 1000 PS und eine 13 Mann starke Besatzung. Die obige Abbildung zeigt den Dampfer als „Badenia XV" mit einer Länge von 44,50 m, einer Breite von 8,18 m und einem Tiefgang von 1,80 m. Die Badenia XV war das einzige 2-Schornsteinboot seiner Zeit von Fendel.

Die größten Schraubenschiffe hatten 1400 PS und schleppten ca. 5000 Tonnen zu berg.

Die untere Abbildung zeigt den Dampfer als „Worms 21" vor der Loreley.

Güterboote im Mühlauhafen 1929. Ein manchmal wochenlanges Warten auf Ladung.

Im Mannheimer Hafen liegt der Radschleppdampfer „Mannheim III". Er wurde 1846 durch John Penn & Sohn in Greenwich/England erbaut. Im Jahre 1882 erfolgten der Umbau von Maschine und Kessel durch die Firma Escher Wys & Co. in Zürich. Der Schiffskörper wurde durch die Mannheimer Dampfschleppschiffahrtsgesellschaft umgebaut. Der Dampfer verfügte über eine Länge von 52,70 m und eine Breite von 6,15 m. Die indizierte Maschinenleistung war mit 725 PS angegeben. Im Jahre 1900 wurde der Dampfer außer Dienst gestellt.

Viele Raddampfer wurden auch auf Werften in Ostdeutschland gebaut. Daß auch Überführungsfahrten zum Rhein nicht ungefährlich waren, das dokumentiert der abgebildete Raddampfer „Mannheim VII", der 1897 vor Stolpmünde gesunken ist. Er war für die Mannheimer Dampfschleppschiffahrt, später Fendel, gebaut worden. Auffallend an diesem Boot sind die zwei hinter dem Steuerhaus angeordneten Kamine. Die Abbildung zeigt den Dampfer in Elbing.

Man beachte, daß auf den Dampfern auch Kleinvieh gehalten wurde. Auf dem oben abgebildeten Güterdampfer der Firma Fendel ist vor der Wohnung ein Hasenstall aufgebaut.

Weiterhin ist die „Baden 11" ex „Kommerzienrat Haas" zu sehen. Dieser Dampfer wurde im Jahre 1899 ebenfalls für die BAG in Rosslau erbaut. Der Dampfer war 70 m lang, 19 m breit und hatte einen Tiefgang von 1,40 m. 1945 wurde der Dampfer kurz vor Kriegsende versenkt und anschließend verschrottet.

Im Mannheimer Hafen liegt der Schnellgüterdampfer „Badenia VI", später „Badenia 18" genannt. Er wurde 1896 in Elbing gebaut. Er verfügte über 699,6 Tonnen Ladefähigkeit und eine Maschinenleistung von 750 PS. Mit der 9 Mann starken Besatzung war dieser Güterdampfer lange Zeit eines der schnellsten Boote auf dem Rhein. Er war 65 m lang, 9 m breit und hatte einen Tiefgang von 2,27 m.

Die Abbildung zeigt den Raddampfer „Mainz 24" ex „Badenia IX". Der 1894 in Elbing gebaute Dampfer war 68 m lang, hatte eine Breite von 21,50 m und einen Tiefgang von 1,10 m. Die Maschinenleistung wurde mit 1100 PS angegeben. Eigentümer war die Mannheimer Lagerhaus Gesellschaft (MLG). 1945 wurde er in Gernsheim versenkt, wieder gehoben und fuhr ab 1951 als „Westmark" im Eigentum der Gebr. Luwen aus Ruhrort. Die Abbildung zeigt den Dampfer – eben wieder über Wasser – im Mühlauhafen Mannheim.

Am Westufer des Mühlauhafens bei der Reederei Franz Haniel & Cie löscht eines der letzten Segelschiffe eine Kohlenladung.

Die Firma Haniel, eine der ältesten Reedereien am Rhein, hatte bereits 1921 einen Schiffspark von 24 Rad- und Schraubenschleppern mit 22000 PS und 104 eiserne Kähne mit zusammen 130 000 Tonnen Ladefähigkeit.

Rhein- und See-Schiffahrts-Gesellschaft in Köln.
Filiale in Mainz.

Mannheimer Lagerhaus-Gesellschaft in Mannheim.
Filialen in Basel, Köln, Ebingen, Eßlingen, Heilbronn, Karlsruhe, Kehl, Kempten i. Bayern, Reutlingen, Rotterdam, Stuttgart, Ulm.

Mannheimer Dampfschleppschiffahrts-Gesellschaft in Mannheim.
Filialen in Rotterdam, Ludwigshafen.

Regelmäß. Dampfer-, Express- u. Eilschiffsverkehre mit

22 Güterschraubendampfern, 8582 PS, 12394 tons Ladefähigkeit;
13 Radschleppdampfern, 12050 PS; 14 Schraubendampfern, 4610 PS;
126 eigenen Schleppkähnen, 120962 Tonnen Ladefähigkeit;
26 Schleppkähnen in Jahresmiete, 24662 Tonnen;
11 Leichter- und Kanalschiffen, 2581 Tonnen;
7 Kranschiffen, 3823 Tonnen; 3 Motorschiffen, 474 Tonnen
von Duisburg-Ruhrort, sowie Zwischenstationen bis Mannheim und Frankfurt a. M.

Antwerpen–Köln; Rotterdam-Köln durch Güterbote u. Schleppkähne
Antwerpen—Mainz—Frankfurt; Rotterdam—Mainz—Frankfurt
Antwerpen–Mannheim-Ludwigshafen Karlsruhe, Straßburg, Kehl
Rotterdam—Mannheim-Ludwigshafen—Karlsruhe, Straßburg, Kehl
Amsterdam—Mannheim-Ludwigshafen—Karlsruhe, Straßburg, Kehl

und vice versa.

GENERAL-VERTRETUNG:

Rhein- u. See-Speditions-Gesellschaft m.b.H.

Zentrale: Köln. Filialen: Rotterdam, Mainz, Mainz-Gustavsburg, Frankfurt am Main, Mannheim, Ludwigshafen.

Uebernahme von Massentransporten und Speditionen jeder Art.

Eigene Lagerhäuser für Getreide und Stückgut.

Getreidespeditionen :: Zollabfertigung :: Fuhrbetrieb
Sammelladungsverkehre :: Intern. Spedition :: Assekuranz

Badische Aktien-Gesellschaft
für Rheinschiffahrt und Seetransport
Mannheim   Rotterdam   Kehl

Niederlassungen und Vertretungen in:
Basel, Karlsruhe, Ludwigshafen, Mainz, Frankfurt a. M., Köln, Düsseldorf, Duisburg-Ruhrort, Amsterdam, Hamburg, Berlin, München.

Spedition   Schiffahrt   Lagerung
Eigene Sammelverkehre

Direkte u. regelm. ässige Eilschiffahrten von u. nach Antwerpen, Rotterdam - Amsterdam, Mannheim, Karlsruhe, Strassburg - Kehl.
Telegramm-Adresse Mannheim: „Eilschlepp".

Kettenfabrik
GEBR. BRAUN, Mannheim-Rheinau
Telephon 1088.
Fabrik mit Gleisanschluss nächst dem Bhf. Rheinau.
Spezialität:

Geprüfte Ketten
bis zu d grössten Dimensionen, f. Kranen u. Hebezeuge aller Art. für Schiffe, Bergwerke, chem. Fabriken etc.

Last-Ketten
in allen mögl. Ausführungen f. Giessereien, Maschinenfabriken, Tiefbauunternehmen, Steinbrüchen etc.
Auf Grund langjährig. Erfahrung u. mod Einrichtung :
Erstklassiges Fabrikat.

Alle Arten Verladewerkzeuge für Kisten, Ballen, Fässer, Holz, Eisen etc.
Reparaturen von Ketten und Selbstgreifern prompt.
Eigene grosse hydraulische Prüfungsmaschine.
Prima Referenzen.

Die Mannheimer Eisenbahn- und Straßenbrücke, die 1867 erbaut wurde.

Hier in Mannheim begannen die regelmäßigen Versuchsfahrten mit Dampfern nach Strasbourg und Basel. Diese wurden von Knippscheer aus Ruhrort mit einem Schraubenboot und den in Mannheim ansässigen Reedereien mit Raddampfern durchgeführt. Nachdem die erste Versuchsfahrt eines Schleppzuges 1904 nach Basel stattgefunden hatte, schaltete sich Fendel persönlich ein. 1908 traf der erste Seitenraddampfer „Fendel 3" mit Kahn „Fendel 62" in Basel ein.

Eine Idee von Fendel war es auch, Rechen in Form einer Egge am Bugspriet anzubringen, um die Kiesbänke auf den Übergängen anzukratzen.

Eine Ansicht des Raddampfer „Baden VII", der mit 700 PS im Jahre 1890 in Rosslau gebaut wurde. Er war eines der wenigen Einschornsteinboote. Eigentümer war die BAG (Badische AG für Rheinschiffahrt und Seetransporte/Fendel). Der Dampfer war 57 m lang, 17,20 m breit und hatte einen Tiefgang von 1,50 m. Er ist auch unter dem Namen „BAG VII" und „Louis Gutjahr VII" gefahren. 1953 wurde er außer Dienst gestellt. Alle Fahrzeuge des Fendel-Konzerns führten als Signal die Farben gelb-rot-gelb des badischen Staates.

Am Rheinkai liegen zwei Güterboote der Firma Rhenus. „Außen drauf" ein Schleppkahn, auf welchem gut zu erkennen ist, wie einfach die Wohnverhältnisse waren. Auch auf den Güterbooten wurden damals noch mit offenem Steuerhaus und liegendem Haspel gefahren.

Auf der Mannheimer Reede vor dem Lagerhaus der Rheinschiffahrts AG/Fendel zeigt sich der Raddampfer „Großherzog Friedrich von Baden". Später hieß der Dampfer „Karlsruhe V". Der letzte Name in seinem bewegten Leben war „Rheinfahrt XII". Der Dampfer hatte ursprünglich 950 PS und wurde 1907 in Bolnes in den Niederlanden gebaut. Auftraggeber war die Karlsruher Schiffahrts AG/Fendel. 1944 wurde er am Schusterwörth oberhalb Oppenheim bei Kilometer 477 versenkt und 1947 verschrottet.

Raddampfer „Karlsruhe 25", ex „Colonia III", ex „Rijntrans II."

Auf den Raddampfern waren unter dem Steuerhaus die Küche, die Vorratsräume und die Sanitärräume. Vorn wohnte das Deckspersonal getrennt vom Maschinenpersonal und achtern der Kapitän. Für das leibliche Wohl sorgte ein Menagemann.

Ein Oldtimer am Rheinkai. Der Schleppkahn ist noch ohne Decksroof und hat ein offenes Steuerhaus.

Personalprobleme gab es 1910 noch nicht und mancher Matrose war glücklich, wenn er mit 40 Jahren Schiffsführer auf einem dieser alten Kähne wurde.

Die Fotographie gibt einen Blick frei auf die 2000 m lange, im Jahre 1896 gebaute Rheinkaianlage in Mannheim im Jahre 1940. Durch die Kaimauer wurde eine gewisse Hochwassersicherheit gewonnen und die Möglichkeit geschaffen, rationell Güter umzuschlagen. Bis 1914 wurden in Mannheim vorwiegend Weizen, Holz, Kohlen, Petroleum, Baumwolle, Gerbrinde und „Colonialwaren" gelöscht.

In den zwanziger Jahren dieses Jahrhunderts war die Dampfschiffahrt auf dem Rhein noch beherrschend, aber die ersten leistungsfähigen Dieselmotoren, die auch noch dazu weniger Personal benötigten und immer betriebsbereit waren, wurden in Schraubenschlepper und Motorschiffe eingebaut.

Auf der Abbildung sind ein altes Lagerhaus der Firma Lersch und Kruse sowie ein „Harpener"- Raddampfer und ein Hafenboot zu sehen.

Am Rheinkai Mannheim liegen die Raddampfer „Rotterdam" und „Dordrecht". Beide Dampfer gehörten der Fendel Schiffahrts AG. Dahinter ist die von den Amerikanern 1945 erbaute Notbrücke zu erkennen.

Die Raddampfer hatten die Hauptlast der Schleppleistung im Mittel- und Oberrhein zu tragen, da sie nur einen Tiefgang von 110–165 cm hatten.

Der Raddampfer „Josef Schürmann II" war 75 m lang, 20,74 m breit und hatte mit 200 t Kohle einen Tiefgang von 1,50 m. Er wurde, wie viele andere Raddampfer auch, 1957 außer Dienst gestellt.

Das Dieselmotorgüterschiff „Mars" ist in Mannheim vor Anker gegangen. Dieses Boot wurde 1927 von der GHH-Werft in Walsum gebaut und hatte eine Maschinenleistung von 400 PS. Die Tragfähigkeit wurde mit 700 Tonnen angegeben. Zusammen mit „Merkur", „Jupiter", „Apollo", „Poseidon" und „Pluto" stellten die Boote die berühmte Götterklasse von Rhenus dar. Sie war richtungsweisend in Ausstattung, Komfort und Wirtschaftlichkeit.

Das Güterboot „Rhenus XVII", ex „William Egan & Co. XVII", mit aufgestellten Ladebäumen. Das Güterboot war somit in der Lage, an jeder beliebigen Stelle und ohne Krane Ladung zu übernehmen.

Der Raddampfer „Mannheim VI" wurde in Duisburg gebaut und zwar im Jahre 1884 mit einer Länge von 68 m, einer Breite von 8,40 m ohne Radkasten und einem Tiefgang von 1,60 m. 1914 hatte er bereits 1300 PS Maschinenleistung.

Mannheim passierend der Raddampfer „Dordrecht". Eigentümer war die Firma Standaart Rotterdam. Der speziell für den Oberrhein im Jahre 1922 in Mannheim erbaute Dampfer verfügte über eine Maschinenleistung von 2000 PS. 1957 wurde er stillgelegt und in ein Seglerheim umgebaut. Seitdem liegt er an der Diffené-Brücke im Altrhein bei Mannheim. Der Dampfer hat eine Länge von 76 m, eine Breite von 22,20 m und einen Tiefgang von 1,53 m.

Das Dampfboot „Badenia X" mit seiner Majestät Kaiser Wilhelm II an Bord. Das Boot wurde 1899 bei der Schiffs- und Maschinenbau AG in Mannheim für die Mannheimer Lagerhaus Gesellschaft mit einer Maschinenleistung von 300 PS erbaut. Lange Zeit hatten die Badenia-Boote außenbords einen weißen Anstrich.

Talwärtsfahrend auf der Reede in Mannheim der Raddampfer „Harpen VIII" ex „C. G. Mayer 3". Der Dampfer fuhr auch unter dem Namen „Rhenania 3". Er wurde 1906 bei Sachsenberg mit einer Maschinenleistung von 1300 PS und einer Länge von 80 m, einer Breite von 18 m und einem Tiefgang von 1,64 m gebaut. 1940 lief der Dampfer in Ludwigshafen auf eine Mine und sank. 1941 kam er nach umfangreichen Reparaturarbeiten wieder in Fahrt. Aber schon im Jahre 1945 wurde er zum zweiten Mal, diesmal im Rheingau bei Hattenheim versenkt. Nach dem Krieg wurde er gehoben, kam wieder in Fahrt und erfüllte bis 1959 seinen Zweck.

Die Abbildung zeigt den Raddampfer „Constantin II.", ex „Hendrik", der im Jahre 1925 in Kiel gebaut wurde. Er hatte 1440 PS Maschinenleistung. Eigentümer war die Constantin Handelsgesellschaft in Bochum. 1944 wurde der Dampfer durch Bomben in Homberg versenkt. Nachdem er gehoben war, war er bis 1958 in Fahrt.

Die Anschaffungskosten eines Raddampfers beliefen sich im Jahre 1908 auf 360 000 Mark.

Die Abbildung zeigt das 1901 in Dordrecht gebaute Dampfboot „Baden II". Es hatte eine Länge von 20 m, eine Breite von 4,75 m und einen Tiefgang von 1,70 m. Das Dampfboot verfügte über eine Maschinenleistung von 160 PS. Das Boot, das auch unter dem Namen „Kronos V" und „BAG III" fuhr, wurde von drei Mann Besatzung geführt.

Wiederum eine Winteraufnahme aus dem Jahre 1929. Der eingefrorene Seitenraddampfer „Hansen Neuerburg I" der Firma Hansen, Neuerburg & Co. Der Dampfer war auch bekannt unter seinen Namen „Frankfurt" und „Knippscheer III". Er verfügte über 750 PS und wurde 1892 in Duisburg gebaut. 62 Jahre später, im Jahre 1954, wurde er ausgemustert.

Mannheim. Rheinbrücke.

Als diese Postkarte im Jahre 1908 verschickt wurde, war auf und unter der Rheinbrücke noch kein Autoverkehr. Pferdefuhrwerke bestimmten bis in die 30er Jahre hinein das Bild. Es war halt alles noch etwas gemächlicher, sowohl an Land als auch auf dem Wasser.

Die Abbildung zeigt den Dreimast-Schleppkahn „Badenia XV", der über eine Ladefähigkeit von 1500 Tonnen verfügte. Der Schleppkahn wurde vorwiegend im Stückgutverkehr eingesetzt. Das Ein- und Ausladen wurde zumindest zum größten Teil von der Schiffsbesatzung selbst durchgeführt.

Der Raddampfer „Mannheim 28", ex „Mannheim VII" wurde 1897 in Elbing (Ostpreußen) gebaut. Er verfügte über eine Maschinenleistung von 1700 PS. 1945 wurde der Dampfer in Hattenheim versenkt. Er hatte eine Länge von 68 m, einer Breite von 22 m und einen Tiefgang von 1,30 m. 1958 wurde der Dampfer außer Dienst gestellt.

Das noch völlig aus Holz gebaute Segelschiff „Mannheim IV" in Mannheim.

Raab Karcher-Schiffe beim Leichern für die Weiterfahrt nach Strasbourg.

Die Firma Raab Karcher wurde 1848 gegründet unter dem Namen Kaiserslauterer Kohlenhändler Gesellschaft. 1862 wurde die Firma in Raab Karch & Cie und 1881 in Raab Karcher & Cie geändert. Ab 1888 ließ Raab Karcher auch flachgehende Schiffe und Boote für den Oberrheinverkehr bauen. Die Abbildung mit dem Dampfboot „Helene" im Vordergrund wurde im Jahre 1930 verschickt.

Das Hafenboot „Bussard" wurde im Jahre 1905 in Mannheim mit einer Maschinenleistung von 225 PS durch die Mannheimer Lagerhaus Gesellschaft in Auftrag gegeben. Es war 20 m lang, 4,80 m breit und hatte einen Tiefgang von 1,85 m.

1893 wurde der Schleppkahn „Mannheim 49" erbaut. Hier liegt er auf dem Rhein bei Mannheim vor Anker und wartet auf neue Aufgaben.

Die Abbildung zeigt, im Rheinauhafen Mannheim liegend, Fendel-Radboote, die auf ihre Verschrottung warten. Sie wurden von leistungsfähigeren Dieselschleppern und Schleppmotorschiffen verdrängt.

Die untere Abbildung zeigt den Raddampfer „Köln 26" ex „Colonia II" der Firma Rhein und See. Der Raddampfer verfügte über eine Maschinenleistung von 1500 PS und wurde 1921 in Köln-Deutz erbaut. Er hatte eine Länge von 75 m, eine Breite von 21,26 m und einen Tiefgang von 1,67 m. Im Jahre 1945 wurde der Dampfer in Hattenheim (Rheingau km 515) versenkt. Nachdem er gehoben wurde, war er noch einmal in Dienst, wurde jedoch bereits im Jahre 1954, nunmehr im Eigentum der Firma Fendel, ausgemustert.

Dampfgüterboote waren das Rückgrad der Eiltransporte von den Seehäfen in die Binnenhäfen. Auf Güterbooten war die Arbeit immer „knochenhart". Im Winter waren die Deckkleider der Deckslast gefroren. Arbeitshandschuhe gab es natürlich auch noch nicht. Dazu kam der „Putzfimmel" des „Alten". Die Boote sollten selbstverständlich immer glänzen. Aus Erzählungen ist bekannt und überliefert, daß Lebensmittel und Wein immer bei der Ladung waren und somit auch greifbar! Ein kleiner Ausgleich für eine harte Arbeit.

Der 1896 in Rosslau an der Elbe gebaute Dampfer „Rheinfahrt XI" ex „Louis Gutjahr 10" mit einer Maschinenleistung von 950 PS. Er war 70 m lang, 19 m breit und hatte einen Tiefgang von 1,40 m. 1944 wurde er in Bingen durch einen Bombenangriff versenkt. Die Eignerin, die Badische Aktiengesellschaft für Rheinschiffahrt und Seetransport ließ den Dampfer 1947 verschrotten.

Die Ansicht zeigt die Hafenanlage und den Marktplatz von Ludwigshafen. Der Winterhafen wurde 1844/45 ausgebaut und 1885 erweitert. Die Aufnahme stammt aus dem Jahre 1906.

Ebenfalls aus dem Jahre 1906 ist diese Hafenansicht von Ludwigshafen. An dem Ludwigshafener Ufer hat eine Fähre nach Mannheim abgelegt. Achtern ist ein kleiner Salon erkennbar. Die Oberlichter des Maschinenraums sind geöffnet. Als Steuerhaus dient eine Segelplane.

Der Seitenraddampfer „Ragnar" der 1922 bei Pit Smit in Rotterdam erbaut wurde, war 77,10 m lang, verfügte über eine Breite von 19,38 m und einen Tiefgang von 1,40 m. Der Dampfer stand im Eigentum der Neska und wurde 1957 außer Dienst gestellt.

August & Emil Nieten
Zentrale: **Karlsruhe**
Zweigniederlassungen: **Mannheim, Kehl a. Rh., Straßburg i. E., Würzburg, Bamberg, Duisburg-Ruhrort**
Reederei ∗ Spedition Lagerung
Besonderheit: **Holzspedition**
Eigener **Rhein-** und **Mainschiffspark,** für Fahrten nach den westdeutschen Kanalplätzen, geeignet.

Karlsruher Rheinhafen.
1916 über 1½ Millionen Tonnen Verkehr, von dem 50 % auf Württemberg, Bayern sowie die Schweiz entfielen und die andere Hälfte vorwiegend auf den Verkehr mit Mittel- und Südbaden, sowie Oesterreich-Ungarn.
Umfangreiche, sich rasch entwickelnde städtische Hafenanlagen mit über 8 km Uferlänge.
Zahlreiche, neuzeitliche städtische und private Umschlags-Einrichtungen für Massengüter jeder Art Eisenbahn- und Zoll-Abfertigungsstelle im Hafengebiet.
An dem in nächster Zeit zu beginnenden 5. Hafenbecken ist noch baureifes Gelände für Handelsniederlassungen und Industriesiedelungen zu günstigen Bedingungen zu verkaufen oder zu vermieten.
Fertige Strassen, Bahn- und Wasseranschluss werden bereitgestellt. Auskunft erteilt das
Städtische Hafenamt Karlsruhe.
Fernsprechnummer 864 und 865.

Rheinkähne

Den Rhein durchgleiten die großen
Kähne. Breit und flach.
Es sitzen zwei Badehosen
auf dem hinteren Dach.

In diesen Hosen stecken
Zwei Männer, nackt und braun.
Die lieben das Tempo der Schnecken
Und schimpfen auf ihre Frau'n.
Und mustern die fremden Weiber,
Die strandlängs promenieren.

Glauben doch oft nackte Leiber,
Daß sie an sich imponieren.
Wie ausgetretene Schuhe
Sind diese Kähne. Hat jeder Kahn
Solch friedlich häuslich Ruhe,
Hat keiner das Getue
Der preußischen Eisenbahn.

In jedem Kinderwagen
Am Strande rollt ein Kind.
Keins dieser Kinder wird fragen,
Was Schleppkähne sind.

Ringelnatz

Der Luitpoldhafen in Ludwigshafen. Die untere Ansicht stammt aus dem Jahre 1941. Auf der oberen Ansicht ist die alte Drehbrücke am Rhein noch nicht fertiggestellt.

Der Luitpoldhafen wurde von 1894 bis 1897 gebaut. Da auf der oberen Ansicht noch keine Brücke über den Hafen erkennbar ist, ist die Aufnahme vermutlich aus dem Jahre 1900.

Die beiden Ansichten zeigen den Winterhafen von Ludwigshafen. Der Winterhafen war, bevor er zugeschüttet wurde, bei dem Schiffspersonal sehr beliebt, da er verkehrsgünstig am alten Bahnhof und direkt am Marktplatz gelegen war. Auf beiden Ansichten sind die Dampfkrane, die Hafeneinfahrt sowie auf dem oberen Bild links das Zollgebäude gut zu erkennen.

Die Abbildung zeigt die Ludwigshafener Rheinkai von Mannheim aus gesehen. Rechts im Bild ist ein holländischer Güter- und Personendampfer zu erkennen. 2 Fährboote kreuzen.

Ein wechselvolles Schicksal hatte der Dampfer „Parsifal". Er wurde 1902 gebaut und hatte 720 PS Maschinenleistung. 1921 wurde er von der französischen Besatzungsmacht requiriert und fuhr unter dem Namen „Marceau". 1929 kam er dann unter holländische Flagge und erhielt den berühmten Namen „De Zeeuw". 1935 übernahm ihn die Köln-Düsseldorfer und gab dem Dampfer den Namen „Stahleck". Am 19. März 1945 wurde der Dampfer bei Neuwied in Brand geschossen, wobei er auseinanderbrach und sank.

Die Kohlenverladeanlage der BASF mit einem „Schürmann"-Schiff und dem Kahn „Rheinfahrt 21" der Fendel Reederei.

Unterhalb der BASF mündet der Frankenthaler Kanal in den Rhein. Er entstammt aus einem Altrheingraben und der Isenach-Mündung um 1580. Im 19. Jahrhundert wurde er nochmals ausgebaut, aber mit der aufkommenden Eisenbahn ging die Bedeutung des Kanals zurück. Heute liegt die Mündung im jetzigen Ölhafen von Ludwigshafen.

In Ludwigshafen hat das Güter- und Personenschiff „Hohenstaufen" angelegt. Dieses Räderboot wurde 1884 gebaut und hatte eine Maschinenleistung von 430 PS. Insgesamt sorgten 12 Mann Besatzung für einen reibungslosen Bordbetrieb. Da es sich um ein sehr schnelles Räderboot handelte, war es im Eilgüterdienst eingesetzt. Zeitweise beförderte dieses Boot auch die Post.

Vom Mannheimer Ufer aus gesehen ist das Zollager am Ludwigshafener Ufer zu erkennen. Ebenfalls abgebildet ist ein alter Schleppkahn vor Mannheim, noch ohne Roof und mit Bugspriet ausgerüstet sowie ein weiterer Schraubendampfer.

Schiffs- u. Betrachtungs-Makler
C. W. HALM
MAINZ und LUDWIGSHAFEN
Fernsprecher 240 Fernsprecher 622
An- und Verkauf
von Schiffen und Dampfern aller Art
Schiffshypotheken, Schiffskörper- und Transport-Versicherung.

Ein Schleppkahn bei der Einfahrt in Ludwigshafen. Der Schleppstrang ist gerade losgeworfen worden.

Die Ansicht aus dem Jahre 1919 zeigt den Personenraddampfer „Stolzenfels". Der Raddampfer „Stolzenfels" ist auch unter dem Namen „Undine" gefahren, der ebenfalls in diesem Buch dargestellt wurde.

Vor Mannheim liegt das Räderboot „Ragnar".
Die Ansicht gibt einen guten Blick auf die Strangwinden und die Niedergänge für das Decks- und Maschinenpersonal frei. Im Hintergrund ist ein Radboot und ein Glattdecker der Köln-Düsseldorfer vor der Stadtansicht von Ludwigshafen zu erkennen.

Nicht immer war das Betriebsklima auf den großen Raddampfern gut. Oft war es geprägt von den unterschiedlichen Auffassungen der „Oberirdischen" und „Unterirdischen", also dem Decks- und Maschinenpersonal. Das nautische Personal bei den Reedereien bestand aus Stammpersonal, das oft in der dritten Generation bei der gleichen Reederei fuhr, während die Heizer ihren Arbeitsplatz oft wechselten.

In Speyer bergwärtsfahrend an der Eisenbahn-Schiffsbrücke der Raddampfer „Colonia VIII" ex „Industrie V", ex „Stadt Mainz". Der Dampfer wurde in Vlissingen gebaut. Er war zuletzt mit einer Maschinenleistung von 550 PS ausgerüstet.

Das Boot wurde im Auftrage der Mainzer Reederei fertiggestellt. Ab 1908 stand es im Eigentum der Rhein- und Seeschiffahrtsgesellschaft Cöln. Der Dampfer ist noch im Rheinschiffahrtsregister 1914 aufgeführt und war eines der ersten aus Eisen gebauten Boote.

Die Grußkarte aus dem Jahre 1919 zeigt deutlich den „Freiluftfahrstand" eines Räderbootes. Unsere Altvorderen glaubten fest daran, daß man nur im Freien stehend ein Schiff fahren kann. Hinter einer Glasscheibe und neben der Heizung sitzend ein Boot zu fahren lag außerhalb ihrer Vorstellungskraft.

Die Abbildung zeigt den Raddampfer „Großherzog Friedrich von Baden" bei seiner festlichen Einweihungsfeier am 27. Mai 1902 im Karlsruher Hafen. Weiteres zu dem Dampfer ist bereits an anderer Stelle dargestellt worden.

Segelschiffe sind zum Löschen einer Kohlenladung im Rheinhafen Karlsruhe angekommen.

Der Schleppkahn „Gutenberg" hatte als Deckswohnung eine Holzroof. Neben dem liegenden Steuerrad hatte er aber schon einen drehbaren Windschutz. Im Vordergrund ist ein schwerer Holznachen – Flieger genannt – zu sehen. Ein solcher war nicht leicht zu rudern, aber er hatte gegenüber den heutigen Nachen, die in Leichtbauweise hergestellt sind, den Vorteil, daß die Kentergefahr nicht so akut war.

Der Schleppkahn „St. Goar" mit einer Tragfähigkeit von 609 Tonnen. Die Ansicht zeigt die „St. Goar" bei den Löscharbeiten einer Ladung Kohlen. Deutlich sind die Schoorbäume zu erkennen, die vorne und achtern zum Ufer hin ausgebracht waren, um zu verhindern, daß das Schiff am Ufer anstieß.

Eine sehr schöne Aufnahme eines Hafenbootes in Karlsruhe. Das Ankerspill wird noch von Hand bedient, obwohl Dampf kostenlos an Bord war. Der Fahrstand – Steuerhaus zu sagen wäre hochgestapelt – ist einfach gehalten. Der Telegraph wurde durch das Sprachrohr ersetzt. Deutlich sind die Lufthutzen für die Kühlung des Maschinenraumes zu erkennen.

Bereits in der Mitte des dritten Betriebsjahres des Rheinhafens wurden 300 000 Tonnen Umschlag erreicht. Hier im Bild das Becken II im Jahre 1903 mit dem Getreidesilo und der Werfthalle I.

Am 22. April 1901 wurde der Rheinhafen Karlsruhe in Betrieb genommen. Die feierliche Einweihung erfolgte am 27. Mai 1902 durch Großherzog Friedrich I. von Baden. Das Foto zeigt ihn in Begleitung von Großherzogin Luise und Oberbürgermeister Karl Schnetzler.

Die Abbildung zeigt den Rhein bei Hügelsheim, Rheinkilometer 330 mit einem bergwärtsfahrenden Schleppzug.

Die Geschwindigkeit der Schleppzüge auf dem Oberrhein war als mäßig zu bezeichnen. 3 Kilometer pro Stunde wurden als durchaus normal angesehen. Die Oberrheinfahrt war lange Zeit nicht für möglich gehalten worden. Die Reederei Knipscheer – in den zwanziger Jahren liquidiert – und der legendäre Firmengründer Fendel aus Mannheim erbrachten den Beweis, daß die Fahrt nach Strasbourg und Basel durchführbar ist. Dies wurde bereits an anderer Stelle dargestellt. Die untere Aufnahme zeigt das Zollboot I. in Neuburg. Im Hintergrund ist die frühere Zollstation zu sehen.

Ein Raddampfer beim Passieren der Rheinbrücke in Kehl. Bei höherem Wasserstand mußten die Schiffe durch den Strasbourger Hafen fahren, da die Brücken zu niedrig waren. Ab 1910 wurden darum die ersten ‚Baseler Boote' gebaut, deren Aufbauten und Steuerhäuser umklappbar waren. Der unterhalb der Brücke liegende Kehler Hafen wurde vom badischen Staat als neuer Endpunkt der Rheinschiffahrt ab 1896 erbaut, um Güter, die für die Schweiz bestimmt waren, auf die rechtsrheinische Seite zu ziehen. Eigentümer des Kehler Hafens war die badische Staatsbahn. 1901 wurde der Hafen dem Verkehr übergeben.

Die Grußkarte von Kehl mit der Brücke Kehl-Strasbourg wurde im Jahre 1899 verschickt. Links ist das Oktroihaus (Zollhaus) zu sehen. In der Bildmitte ein Fahrzeug, das für die Bereisung der großherzoglich badischen Rheinbauinspection diente.

Die Ansicht zeigt die Schleppkähne „Elsaß" und „Stuttgart". „Elsaß" wurde 1888, „Stuttgart" 1891 erbaut. Beide warten schleppklar längsseitsliegend im Kehler Hafen auf die Talfahrt.

Der Raddampfer „Toulon" von der Compagnie Génerale pour la Navigation du Rhin (CGNR) beim Einfahren in den Vorhafen von Strasbourg". Das Boot war 69,20 m lang, 18,60 m breit und hatte einen Tiefgang von 1,10 m. Die Maschinenleistung wurde mit 1100 PS angegeben. Dieses einzige Einschornsteinboot der CGNR war der letzte Neubau eines Raddampfers für den Rhein und wurde 1929 in Rosslau an der Elbe erbaut. Die CGNR verfügte über 22 Raddampfer, die zum größten Teil nach 1918 von deutschen Reedereien als Reparationsleistung an Frankreich abgeliefert werden mußten.

„Raab Karcher 25" beim Löschen einer Ladung Kohlen im Strasbourger Hafen. Der Schleppkahn wurde 1905 in Mainz-Kastel gebaut in einer Größenordnung von 1712 Tonnen. Er war 85 m lang, 11 m breit und hatte einen Tiefgang von 2,54 m.

1871 erbat die Handelskammer Strasbourg nach Abtrennung ihrer seitherigen Absatzgebiete die Erbauung eines linksrheinischen Kanals bis Ludwigshafen. Aber die Schiffahrt auf dem Rhein mit seinen Kiesbänken setzt sich letztlich durch.

Vereid. Dispacheur für den Oberrhein
ADOLPHE SCHLEIFFER
Strasbourg
Telephon Nr. 1594.   Chèques postaux Nr. 239.
NB. Zuständig bei den französischen Behörden.

Straßburg im Elsaß.
Seegmüller & Cie., G. m. b. H.
Rhein- und Kanaltransporte
Güterumschlag — Spedition
Getreidelagerhaus und Werfthallen am Metzgertorhafen.
Häuser und Vertretungen in Weißenburg, Lauterburg, St. Ludwig, Antwerpen, Basel, Zürich, Kehl, Appenweier, Villingen, Offenburg, Singen, Triberg und Schwenningen.

Franz Haniel & Cie.
G. m. b. H.
Hauptgeschäft: Duisburg-Ruhrort
Draht-Anschrift: Haniel, Duisburg-Ruhrort.
Fernsprecher Nr. 6200-6205 Duisburg-Nord
Zweigstellen: Aschaffenburg, Homberg-Niederrhein, Gustavsburg, Mainz, Mannheim, Rheinau, Karlsruhe und Kehl.
Gemeinsame Betriebsleitung der Rheinreedereien
Franz Haniel & Cie. und
Ver. Frankfurter Reedereien G. m. b. H.

Eigener Schiffspark
25 Rad- und Schraubenschleppdampfer mit zusammen 22 000 PS
107 eiserne Schleppkähne mit zusammen 130 000 t Tragfähigkeit.
Hafendampfer, Kranschiffe, zahlreiche Mietschiffe.

Bootekohlenhandel
Presskohlenwerke (Marke H) in Gustavsburg und Mannheim.

Hafenlager
mit zeitgemäßen Umschlagseinrichtungen in Gustavsburg, Aschaffenburg, Mannheim, Rheinau, Karlsruhe und Kehl.

Allgemeine Transport- und Schiffahrtsgesellschaft m. b. H.
Breisach   **Kehl-Rheinhafen**   Winden (Pfalz)
Telefon: 58 und 69.   Telegr.-Adr.: „Gentransco"

Compagnie Générale de Transports Maritimes et Terrestres S. A. R. L.
Telefon: 691 und 692.   **Strasbourg**   Telegr.-Adr.: „Gentransco"
Neufbrisach (Tel. 38)   Wissembourg (Tel.)

Niederlassungen:
London, Manchester, Liverpool, Paris, Boulogne s/M.

Internationale Transporte
See-, Rhein- und Kanal-Schiffahrt

Sammelgutverkehre
nach England, Frankreich und der Schweiz

Spezialverkehr von und nach Polen und Spanien.

Große Lager- und Kellerräume
mit Gleis- und Wasseranschluss in Kehl u. Strassburg.

Compagnie Strasbourgeoise de Navigation
Port du Rhin   **Strasbourg**   Port du Rhin
Aktien-Gesellschaft mit 2 Mill. Francs Grundkapital.
Tel. Nr. 4001, 4002, 4003, 5004, 5005 — Ad. tel. Costna Strasbourg.

Alle Transporte auf dem Rhein
zwischen:
Antwerpen u. Strassburg, Rotterdam u. Strassburg
und allen zwischenliegenden Häfen
Agenturen in:
Antwerpen, Place de Meir 19, Tel. No. 1039
Rotterdam, Park Laan 30, Tel. No. 8120
Duisburg, Rheinstrasse 48, Tel. No. Nord 6778
Cöln a. Rh., Ubierring 59, Tel. No. B. 9875
Mainz, Feldbergplatz 4¹/₁₀, Tel. No. 401
Ludwigshafen, Bismarckstrasse 56, Tel. No. 1235.
zwischen:
Paris, Le Havre, Dünkirchen, Bordeaux.
Vertreter der S. A. N. C. T. A. Paris.

Transporte auf allen französ. Kanälen
Agenturen in:
Rouen, Le Havre, Nancy, Strassburg, Saarbrücken, Mülhausen, Lyon.

Der Raddampfer „Condor" liegt im Vorhafen von Strasbourg. Eigner war die Firma Anstra aus Antwerpen. Der Dampfer wurde 1924 bei der Schiffswerft Berninghaus mit einer Länge von 75 m, einer Breite von 20,54 m und einem Tiefgang von 1,40 m gebaut. Die Maschinenleistung wurde mit 1300 PS ausgelegt. Der Dampfer wurde 1944 in Köln-Mülheim versenkt und nach dem Kriege verschrottet.

Der Strasbourger Raddampfer „Brest" hat den Hafen verlassen und fährt mit 2 beladenen Kähnen zu tal. Der Dampfer wurde 1924 bei Pit Smit in Rotterdam gebaut. Mit einer Länge von 75 m, einer Breite von 21,40 m und einem Tiefgang von 1,40 m bekam der Dampfer eine Maschinenleistung von 1350 PS. 1945 wurde der Dampfer in Duisburg versenkt. Eigner war die CGNR aus Strasbourg. Nach dem Krieg wurde der Dampfer wieder reaktiviert und war bis 1959 in Fahrt. Anschließend lag er noch lange als Reserveboot in Strasbourg.

Der Raddampfer „Saint Malo" war ein Oberrheinboot, also speziell für den Oberrhein mit niedrigen umklappbaren Aufbauten gebaut, damit er die niedrigen Brücken besser unterfahren konnte. Der Dampfer „Saint Malo" ist zeitweise auch unter dem Namen „de Gruyter 5" gefahren. Er wurde 1913 in Rosslau mit einer Länge von 70,80 m, einer Breite von 18,11 m und einem Tiefgang von 1,45 m bei einer Maschinenleistung von 1200 PS gebaut. Ab 1920 fuhr er dann bei der CGNR unter französischer Flagge. 1945 wurde der Dampfer bei Honnef versenkt. Nachdem er nach dem Kriege noch einmal wieder instandgesetzt worden war, kam er 1952 außer Dienst. 1954 wurde er verschrottet.

Diese Postkarte zeigt Mulhouse im Jahre 1905. Der Rhein-Rhône-Kanal wurde zwischen 1810 und 1833 erbaut. Noch bis 1930 wurde hier getreidelt. Mittschiffs auf unserem Bild der „Pferdestall", in welchen nach Feierabend das Pferd über einen Steg hineingeführt wurde.

Wendemanöver eines Schleppzuges auf dem Rhein bei Basel mit dem Heckraddampfer „Schweiz" und dem Kahn „Ergolz" als Anhang. Der Heckraddampfer „Schweiz" wurde 1919 in Breslau gebaut und kam über die Oder, die Havel, die Elbe und über die Nordsee anschließend auf die Weser. Durch den Mittellandkanal letztendlich auf den Rhein. Am 22. November 1919 begann er seine erste Reise von Duisburg nach Basel. Es war das erste Schiff unter Schweizer Flagge. Der Dampfer hatte eine Maschinenleistung von 750 PS bei einer Länge von 53,50 m, einer Breite von 8,14 m und einem Tiefgang von 1,00 m.

Die Heckraddampfer konnten sich gegen die Seitenraddampfer nicht durchsetzen, da sie achtern bei voller Fahrt zu tief gingen.

Die Dampfgüterboote, im Bild ein Boot von Fendel, Mannheim, waren im Eilgüterdienst von den Rheinmündungshäfen nach Basel eingesetzt.

Kranschiffe dienten vorwiegend zum Leichtern von festgefahrenen oder zu tief geladenen Schiffen. Die Abbildung zeigt das Kranschiff „St. Gotthard" in Basel.

Die Abbildungen zeigen den Heckraddampfer „Wilhelmshafen", erbaut als „Heilbronn" und auch später unter dem Namen „Fendel XIV" bekannt bei Versuchsfahrten 1909 in Basel.

Im Jahre 1903 fuhr der erste Schlepper nach Basel. 1904 folgte die berühmte Fahrt des Schraubenschleppers „Knipscheer IX" mit dem Kahn „Christine", der 400 Tonnen Kohlen geladen hatte. 1909 kamen schon 91 Dampfer mit 100 Kähnen nach Basel und brachten 35 408 Tonnen Güter mit. Auch Personenfahrten wurden durch die Köln-Mülheimer Dampfschiffahrtsgesellschaft nach Basel durchgeführt.

Ab 1907 fuhren die Dampfer „Christian Musmacher", die „Mülheim am Rhein" und ein in London gekaufter Themse-Dampfer in Basel.

2 Ansichten aus Basel.

Erheblich später als auf dem Nieder- und Mittelrhein entwickelte sich die Dampfschiffahrt auf dem Oberrhein. Das erste Dampfschiff das nach Basel kam, war die „Stadt Frankfurt" am 28. Juli 1832. 1838 kam es zur Gründung der Service Générale de Navigation, die 2 Boote, nämlich die „Ville de Bale" und „Ville de Strasbourg" zwischen Basel und Strasbourg verkehren ließen. Zu berg wurde auf dem Rhein-Rhône-Kanal getreidelt. Die Fahrtzeit seinerzeit betrug 16 Stunden. Zu tal dauerte diese Strecke, die auf dem Rhein bewältigt wurde, 4 – 7 Stunden.

1840 erfolgte die Gründung der Gesellschaft „die Adler des Oberrheins", die ihre Boote „Adler Nr. 1" und „Adler Nr. 2" auf Fahrten zwischen Basel und Mainz einsetzten. Beide Reedereien hatten aber keine wirtschaftlichen Erfolge. 1845 stellten beide Reedereien den Verkehr ein, da die Konkurrenz der Eisenbahn zu groß wurde.

Feste Brücken und Schiffbrücken
über den Rhein ab Strassburg,
ihre Spannweite von Pfeiler zu Pfeiler, nebst freier Höhe bei höchstem schiffbaren Wasserstande.

Auf deutscher Strecke.

Lfd. Nr.	Ort	Art und Weise der Brücken	Weite der Stromöffnung in m. abgerundet vom linken zum rechten Ufer					Freie Höhe bei höchst. schiffb. Wasserstand	Kilometer à Basel
			I	II	III	IV	V		
1	Strassburg	Strassenbrücke ✓	82	53	80	—	—	3,16	126,93
2	„	Eisenbahnbrücke ✓	26	56	56	56	26	3,16	127,—
3	Freistett	Schiffbrücke ✓	—	—	—	—	—	—,—	143,20
4	Gieffern	„ ✓	—	—	—	—	—	—,—	151,80
5	Roggenheim	Eisenbahnbrücke ✓	65	88	65	—	—	9,10	169,10
6	Plittersdorf	Schiffbrücke	—	—	—	—	—	—,—	173,80
7	Maxau	Eisenbahn-Strassenbrücke	21	21	—	—	—	—,—	195,60
8	„	Schiffbrücke	12	—	—	—	—	—,—	195,60
9	Germersheim	Eisenbahnbrücke	65	86	72	—	—	9,20	217,50
10	„	Schiffbrücke	—	—	—	—	—	—,—	217,70
11	Speyer	Eisenbahn-, Strassen-, Schiffbrücke	—	—	—	—	—	—,—	233,40
12	Mannheim	Eisenbahn- und Strassenbrücke	84	84	84	—	—	9,10	258,—
13	Worms	Strassenbrücke	87	101	80	—	—	{9,10 / 11,89 / 10,92}	276,26
14	„	Eisenbahnbrücke	85	110	78	—	—	9,40	278,45
15	Mainz	„	81	102	101	104	97	{9,25 / 9,40 / 9,10}	333,90
16	Mainz, Gustavsburg	„	68	70	70	72	—	9,10	329,38
17	Mainz, Kastel	Strassenbrücke	81	95	100	95	68	{8,26 / 10,31 / 10,99}	331,47
18	Hochheim	Eisenbahnbrücke	105	105	—	—	—	11,—	421,—
19	Coblenz-Pfaffendorf	„	83	96	80	—	—	11,—	423,40
20	Coblenz	Schiffbrücke	—	—	—	—	—	—,—	—,—
21	Bonn, Beuel	Strassenbrücke	88	186	85	—	—	{9,70 / 12,25 / 9,70}	487,40
22	Köln, Südbrücke	Eisenbahnbrücke	40	155	90	—	—	9,10	518,20
23	Köln-Deutz	Eisenbahn- und Strassenbrücke	84	98	98	90	—	8,83	521,—
24	Hamm	Eisenbahnbrücke	30	100	103	65	—	8,83	570,70
25	Düsseldorf	Strassenbrücke	165	176	—	—	—	10,—	577,30
26	Duisburg-Hochfeld	Eisenbahnbrücke	86	95	95	85	—	10,30	606,80
27	Duisburg, Ruhrort, Homberg	Strassenbrücke	45	116	190	85	20	{8,10 / 8,80 / 9,25 / 9,45}	613,20
28	Wesel	Schiffbrücke	—	—	—	—	—	—,—	646,—
29	„	Eisenbahnbrücke	86	96	96	85	—	8,80	647,80

Auf Niederländische Strecke (Rhein).

Lfd. Nr.	Ort	Art und Weise der Brücken	I	II	III	IV	V	Freie Höhe	Kilometer à Basel
30	Arnhem-Oosterbeek	Schiffbrücke	63,50	—	—	—	—	9,—	717,—
31	„	Eisenbahnbrücke	85,25	63	—	—	—	9,06	717,—
32	Rhenen	„	65	80	—	—	—	8,94	741,60
33	Culenborg	„	141	—	—	—	—	9,21	772,30
34	Vrijswijk	Schiffbrücke	—	—	—	—	—	—,—	—,—

Niederland (Waal).

Lfd. Nr.	Ort	Art und Weise der Brücken	I	II	III	IV	V	Freie Höhe	Kilometer à Basel
35	Nijmegen	Eisenbahnbrücke	115	115	125	—	—	9,73	717,—
36	Zalt-Bommel	„	110	115	110	—	—	9,93	766,—
37	Baanhoek	„	103	103	—	—	—	11,78	803,70
38	Königshafen	„	22	—	—	—	—	7,79	720,30
39	Willemsbrücke	Strassenbrücke	—	—	—	—	—	{5,03 / 4,26}	—,—
40	Rotterdam (Nieuwe Maas)	Eisenbahnbrücke	32	83	83	83	29	{8,05 Fluth / 5,67 Sturm}	828,30
41	„	Strassenbrücke	84	84	84	—	—	{5,03 Fluth / 4,28 Sturm}	828,30